U0892133

河南省“十四五”普通高等教育规划教材

传统体育养生理论与实践

王柏利◎主　编
胡精超◎副主编

人民体育出版社

图书在版编目（CIP）数据

传统体育养生理论与实践 / 王柏利主编；胡精超副主编. -- 北京：人民体育出版社，2023

ISBN 978-7-5009-6247-2

Ⅰ. ①传… Ⅱ. ①王… ②胡… Ⅲ. ①体育保健学 Ⅳ. ① G804.3

中国版本图书馆 CIP 数据核字 (2022) 第 247244 号

*

人民体育出版社出版发行
北京虎彩文化传播有限公司印刷
新 华 书 店 经 销

*

710×1000 16 开本 7.75 印张 158 千字
2023 年 10 月第 1 版 2023 年 10 月第 1 次印刷

*

ISBN 978-7-5009-6247-2
定价：50.00 元

社址：北京市东城区体育馆路 8 号（天坛公园东门）
电话：67151482（发行部） 邮编：100061
传真：67151483 邮购：67118491
网址：www.psphpress.com
（购买本社图书，如遇有缺损页可与邮购部联系）

前言

当下，中国特色社会主义进入新时代。中华民族迎来了伟大复兴的历史征程。党和国家始终“坚持以人民为中心的发展思想”，高度重视发展卫生和健康事业，增进人民健康福祉，持续推进健康中国建设，把保障人民健康放在优先发展的战略地位，提出“没有全民健康，就没有全面小康”的重要论述。人民健康成为民族昌盛和国家强盛的重要标志。

围绕全民健康这一时代命题，传统体育作为中国养生文化的重要组成部分，彰显出巨大的时代价值。在历史长河的演变中，传统体育逐渐吸纳了中国传统文化养生思想、传统中医养生理论、导引吐纳之术等众多养生文化，形成了动静结合、内外兼修，集防病、治病、健身、修炼于一体的身体运动形式。八段锦、五禽戏、易筋经、太极拳等众多传统体育养生项目，已经成为中华民族宝贵的文化遗产，其所蕴含的康养功能在今天依然释放着强劲的生命力。

在众多传统体育项目的养生实践中，无不折射出中国养生思想的熠熠光辉。它一方面强调“动以养生”，另一方面提倡“静以养身”。传统体育养生在动静之间找寻阴阳平衡，进而使身心始终保持健康的状态。传统体育养生强调“养生重在养形”“形具而神生”，提倡“心斋”与“坐忘”，倡导“致虚极，守静笃”。同时，主张在“调身、调息、调心”的过程中，达到“清静无为”“顺其自然”的养生目的。传统体育养生不仅体现着中国传统文化的独特养生思想，还是对现代体育健身体系的有益补充。传统体育养生在维系生命全周期、服务健康全过程方面具有显著的优势，是新时代全民健康战略实施的重要保障。

《传统体育养生理论与实践》是河南省“十四五”普通高等教育规划教材立项建设名单中的教材之一，是“河南省高等学校人文社会科学重点研究基地河南理工大学太极文化研究中心”系列成果，由河南理工大学王柏利教授、胡精超副教授共同完成，动作示范为裴姣姣。本教材基于河南理工大学地处太极拳发源地的地域优势，在总结太极拳专业人才培养经验的基础上，以传统养生理论为指导思想，以传统体育养生身体实践为参照样式，在结合太极拳养生理论与实践的基础上，重点挖掘、整理了太极拳运动的养生理论内涵与实践方式。此外，结合当下社会中慢性病频发的公共卫生问题，有针对性地创编了干预慢性病的运动处方。本教材以通俗易懂的图文方式介绍常用且实用的传统体育养生功法和手段，既提供了可供操作的健身养生方式，又凸显了太极拳运动养生的特色。

本教材包括六章内容。第一章主要介绍了传统体育养生的历史源流与基本特点；第二章介绍了传统体育养生的理论基础；第三章重点介绍了传统体育养生中的调身、调息、调心的基本操作；第四章介绍了传统体育养生对人体五脏的调养；第五章、第六章针对高血压、糖尿病、抑郁、失眠等常见慢性病及颈、肩、腰、腿等身体部位伤痛，制订了干预慢性病痛的运动处方。鉴于编者自身知识及认知能力的局限性，书中或多或少存在观点片面、运动处方制订不严密等不足之处，敬请各方专家不吝赐教，以期不断修改完善。

编　者

2022 年 12 月

目 录

第一章
传统体育养生概述

新时代的中国特色社会主义取得辉煌成就，中国迎来了建设现代化强国的历史征程。在实现社会主义现代化强国的道路中，“坚持人民至上”“坚持以人民为中心的发展思想”[1]始终是国家治理的重要指导思想。党的二十大报告指出：“江山就是人民，人民就是江山”“我们要实现好、维护好、发展好最广大人民根本利益，紧紧抓住人民最关心最直接最现实的利益问题”“推进健康中国建设”[2]。关注人民健康，倡导文明健康生活方式，是满足人民对美好生活需求的重要保障。传统体育养生源于中华五千年的历史文明，是中华民族在几千年生活实践中总结、提炼的健康生活方式，体现着中国人独特的思维方式、生活方式，蕴含着丰富的文化特质，在今天依然具有重要的现实意义和实践价值。

传统体育养生是“通过人体自身的姿势调整、呼吸锻炼、意念控制，使身心融为一体的锻炼方法，能够增强人体各部分机能，诱导和启发人体内在潜力，起到防病、治病、益智、延年的作用”[3]。传统体育养生的主要目的是增强人们的身心健康，提高人们的生活质量，延长人们的寿命。传统体育养生结合身体运动、身心呼吸及意念引导，通过调身、调息、调心达到身心一体，进而使人体保持身心健康的生活状态。

第一节　传统体育养生的历史源流

中国传统体育养生历史悠久、源远流长，至今已有两三千年的历史。在历史文献中，关于传统体育养生的记载有数百种之多，在民间广为流传。中国传统体

[1] 党的二十大报告辅导读本编写组 . 党的二十大报告辅导读本 [M] . 北京：人民出版社，2022：22–24.

[2] 党的二十大报告辅导读本编写组 . 党的二十大报告辅导读本 [M] . 北京：人民出版社，2022：44.

[3] 邱丕相 . 中国传统体育养生学 [M] . 北京：高等教育出版社，2007：14.

育养生的形成，融合了中国道家的“虚”“无”、佛教的“空”“圆”“静”、儒家的“修身”“养性”等众多传统养生思想，通过身体运动这一表现形式，达到健康促进、延年益寿的目的。传统体育养生最早可追溯至原始人类社会中的自我保健，当人们身体困倦时，就会打哈欠、伸懒腰，让全身放松下来。人们将这些经验性的身体动作、呼吸调理总结下来，最终形成了更为系统的传统体育养生。

1. 先秦时期的传统体育养生

传统体育养生在先秦时期已有所发展。我国最早的一部医书《黄帝内经》中，就有对传统体育养生的文献记载。其中记载的“导引、吐纳”等锻炼方式，“恬淡虚无、真气从之。精神内守，病安从来”等养生理念，即为早期的传统体育养生。《周易》不仅是一部中国古代哲学书籍，还是我们祖先生活及生产斗争实践的产物，是对自然界发生、发展变化规律的总结。它蕴藏着深邃的思想，以阴、阳来阐述宇宙间事物的变化规律，即所谓的“一阴一阳之谓道”。《周易》上通天文，下通地理，中通万物之情，穷天人之际，探讨宇宙、人生必变、所变、不变的机理，进而阐明人生知变、应变、适变的大法则。这种学术思想，直接影响着中国医学理论。例如，阴阳学说、天人相应学说等即源于易理；养生学中，顺应自然、调和阴阳、未病先防等原则亦源于易理。故自古以来即有医易则通之说。《管子》的作者承袭了老子关于“道”是宇宙本原的思想，明确提出“道”即“精气”的观点。在养生方面，《管子》认为“精”是生命的物质基础，故主张存精以养生，指出“精也者，气之精者也”“精存自生，其外安荣，内脏以为泉源”。此外，其中还提出存精的具体方法，“爱欲静之，遇乱正之，勿引勿摧，福将自归”，主张虚其欲以存精。《管子》提出了起居有时、节制饮食、适应四时等重要的养生原则。例如，《管子・形势解》云：“起居时，饮食节，寒暑适，则身利而寿命益；起居不时，饮食不节，寒暑不适，则形体累而寿命损”，这些养生原则是很实际的。孔子等儒家具有代表性的人物及其学术思想与观点关于精神调摄的原则，在中医养生学思想中得到了阐发和应用。儒家的养生思想是极宝贵的养生经验，因而为历代养生家所遵循，时至今时，仍有其实用价值。

2. 秦汉时期的传统体育养生

秦汉时期的传统体育养生得到了发展，特别是医学的进步，对传统体育养生的发展产生了较大影响。在1973年长沙马王堆三号汉墓出土的帛画中，有大量的描绘人体运动的养生动作。其中，有的闭目养神，有的屈膝弯腰，有的转体下蹲。在这些养生动作中，还有对练习内容的详细注解，形成了独具特色的中国古代导引套路体系。汉代时期的华佗依据养生的经验，在模仿虎、鹿、熊、猿、鸟五种动物动作的基础上，创编了“五禽戏”。这种传统体育养生方法至今仍具有很强的养生价值。东汉医家张仲景继承了先秦时期的医学理论，博采众长，著成《伤寒杂病论》，奠定了中医辨证论治的理论基础。其中，他从病因学角度提出了自己的养生观点，体现了中医防治结合、预防为主的原则。

3. 魏晋南北朝时期的传统体育养生

魏晋南北朝时期，葛洪在所著的《抱朴子》中认为，导引的作用是“疗末患之疾，通不和之气”，可以延年续命。此外，葛洪对炼丹之术也进行了研究。陶弘景的导引养生思想集中反映在其专著《养性延命录》中，他主张导引修炼应动静结合，以静为主。在静功方面，陶弘景介绍了闭气法、吐气法、引气攻病法等，开创了六字诀法。

4. 隋唐五代时期的传统体育养生

隋唐五代时期的很多君王都非常热衷于养生，由此推动了这一时期的传统体育养生发展。隋朝太医巢元方（550—630年）著有《诸病源候论》一书，在讲述病例的过程中，记载有“补养宣导”的具体方法。在这些方法中，巢元方将气功导引、按摩结合起来，按照一定的动作姿势进行编排，既达到治病的目的，又产生保养、养生的成效。另外一位医学家孙思邈（541—682年），在行医的过程中，积累了大量的传统体育养生方法。他主张“动静结合”，认为“养性之道，常欲小劳，但莫大疲及强所不能堪耳。”他提出不能久坐、久卧，“久坐伤肉，久卧伤神”，需要动静结合才能达到身心健康。孙思邈创立了行气法、导引法、按摩法，丰富了传统体育养生的理论与实践。

5. 宋元时期的传统体育养生

宋代，传统体育养生得到了充分发展。以套路为表现形式的传统体育养生在这一时期盛行。北宋时期的陈希夷创编了“坐功”，此功法又称十二月坐功，是

一种导引法，包括按膝、捶背、伸展四肢、转身扭颈等动作。南宋时期，八段锦的练习方法有了详细的记载，其中还分为“文八段”和“武八段”，由八节动作组成，动作配合呼吸，体现出典型的传统体育养生特点。

6. 明清时期的传统体育养生

明清时期，产生了大量的传统体育养生著作。不同传统体育养生方式呈现出流派的特点。胡文焕整理的《养生导引法》与高濂整理的《遵生八笺》中，记载了“五脏导引法”“八段锦导引法”“太上混元按摩法”等传统体育养生法。沈金鳌整理的《杂病源流犀烛》中记载了“保生秘要”“五禽戏图”“八段锦图”等多种传统体育养生方法。这一时期还对传统体育养生的行气方法、要领、形式等有详细记载。王文禄整理的《胎息铭》一书中记载了“内丹术”，强调在坐、卧、行、走时，要遵守“一咽为先”的要求。

明清时期，传统体育养生五禽戏得到了改造。其在结合导引动作的同时，要求动作与行气相结合，并配备有图片说明。五禽戏还有不同的版本，如《夷门广牍》与《万寿仙书》中记载的五禽戏动作有所不同。同时，八段锦也得到了改造，形成了“八段锦修真图”，进而演化出了“十二段锦”的传统体育养生法。此外，还产生了“易筋经”传统体育养生法。在明天启年间产生了“易筋经”的手抄本。清朝时期，在《内功图说》中，对“易筋经”的图文均有记载。明末清初，作为武术重要拳种的太极拳诞生了。太极拳结合导引吐纳、中医经络学说，形成了一种集武术技击、传统体育养生为一体的锻炼方式。

第二节　传统体育养生的基本特点

传统体育养生是中华民族在几千年发展过程中，积淀下来的对身心健康保持有良好效果的身体运动。传统体育养生具有自身的典型特征，主要表现在以下三方面。

1. 传统体育养生体现了阴阳平衡性特征

传统体育养生源于中国传统文化，体现着典型的追求阴阳平衡的养生特征。传统体育养生通过调整身体姿势，调整呼吸、意念，达到活跃气血、协调内脏、平衡阴阳的养生目的。传统体育养生在身体锻炼的过程中，强调身心放松、心情平静，注重呼吸动作的协调一致，既体现了“静以养心”的理念，也体现了“动以养身”的思想；既关注身体“动、静”“刚、柔”的和谐，也强调“内、外”的平衡，由此调整自身达到一种“恬淡虚无，真气从之，精神内守，病安从来”的良好状态。

2. 传统体育养生体现了整体性特征

传统体育养生在对人体调养的过程中，并非局限于身体的某一局部问题，而是着眼于人的整个身体。通过调身、调息、调心的方式，全面调整人的中枢神经，达到增强人体抵抗能力、改善人体机能的目的。在传统体育养生锻炼过程中，要求放松身体、放松心情，意守丹田、调整身心，从而达到祛病强身、延年益寿的目的。

3. 传统体育养生体现了内外兼修特征

传统体育养生既追求内在“精、气、神”的调整，也追求外在“筋、骨、皮”的养护。传统体育养生的内养指的是在身体锻炼的过程中，注重“精、气、神、意”的内在气息活动。练功过程中，以意念、呼吸配合身体姿态调整，从而达到肢体运动、气息呼吸、意念导引相互协调一致。传统体育的外养指的是“手、眼、身、步”等外在肢体运动，要做到动作舒展大方、刚柔相济、节奏鲜明，达到强健筋骨的目的。例如，太极拳运动强调“内外兼修，以意导气”，八段锦要求动作与呼吸紧密配合。内外兼修是传统养生的基本要求，也是区别于现代体育养生的典型特征。

思考题

1. 传统体育养生有哪些主要特点？

2. 传统体育养生包括哪些主要内容？

3. 中国传统养生学包括哪些主要的养生方法？

4. 试述长期进行传统体育养生项目的锻炼，会对人体的健康产生哪些作用？

第二章

传统体育养生的理论基础

养生是中国一种独特的文化现象。对养生的认识，可追溯到原始社会末期至商周时期。在原始社会末期，由于人类生存条件简陋，医护条件匮乏，为适应潮湿阴冷的生活环境，人们经常会做些舞臂、伸腰、踢腿的动作，并且发现这些动作可以达到强身健体的效果，于是就产生了能治疗人们的肠胃疾病的“消肿舞”。“‘消肿舞’就是人类最原始的一种养生活动”[1]。到了春秋战国时期,《庄子》一书中出现了“养生”一词。围绕养生思想,产生了以“养神”为主的养生和以“养形”为主的养生，由此产生了以“静养为主”的养生和以“动养为主”的养生。各种养生思想各抒己见，形成了“诸子峰起”“百家争鸣”的局面。庄子坚持养神这一主张，其认为静养“只要神静，自然形正，正所谓‘无视无听，抱神以静，形将自正’”[2]。华佗借鉴先辈经验，模仿动物形态，根据“户枢不蠹，流水不腐”的理论,“创编了《五禽戏》,开了以套路为形式的中国导引养生的先河”[3]。墨家学派创始人墨子，根据日常生活经验，认为运动可以养生，养生源于日常生活，这种传统养生的生活方式存在并延续于后来的养生思想中。随着中医理论的发展,也为养生体系的确定提供了理论依据。《黄帝内经》指出,养生需“审其阴阳，以别柔刚；阳病治阴，阴病治阳”。只有当人体阴阳和谐时才能保持身体健康。历史悠久、内涵丰富的传统养生理论为传统体育养生的诞生深耕了坚实的文化土壤。

第一节 中国传统文化与传统体育养生

养生是通过保健方式来延长生命时间，提高生命质量，达到未病先防、延年

[1] 罗时铭 . 养生史话 [M]. 北京：社会科学文献出版社，2012：2-3.
[2] 罗时铭 . 养生史话 [M]. 北京：社会科学文献出版社，2012：18.
[3] 罗时铭 . 养生史话 [M]. 北京：社会科学文献出版社，2012：49.

益寿的目的。随着中国传统养生思想的发展，不同养生思想诞生了形式多样的传统体育养生方法，这些传统体育养生方法非常重视对养生思想的应用，形成了内涵丰富的传统体育养生文化。

1. 传统体育养生中的儒家文化养生观

儒家文化作为中国文化的重要组成部分，不仅对中国人的生活方式、思维方式有着深远的影响，同时也蕴含着丰富的养生思想。孔子作为儒家思想的代表人物，曾在《论语・季氏》中提出“君子有三戒：少之时，血气未定，戒之在色；及其壮也，血气方刚，戒之在斗；及其老也，血气既衰，戒之在得”。“三戒”观点蕴含着孔子对养生的认识。此外，他还提出了“仁者寿”的养生思想，认为只有道德高尚之人，即怀有仁爱之心的人和胸怀宽广的人容易长寿，这是儒家养生文化的集中体现。传统体育作为中华文化的载体，体现着独特的儒家养生文化特征。传统体育重视调心，如太极拳强调“天地之间，人为万物之灵。而心又为五官百骸之灵。故心为一身之主”[1]。因此，身心是一体的，身正心才能端正。通过调心，可以达到塑造习练者“仁爱”之心的目的，由此也体现了传统体育养生观。

2. 传统体育养生中的道家文化养生观

道家文化养生观主要体现在“清心寡欲”，认为做任何事情不假思索，只是一念之间便不顾及旁人安危，会造成极端或过分的后果。道家学派创始人老子强调“静以养生”，“静”就是“致虚极，守静笃”，人体只有“顺应自然”才能长寿。传统体育作为养生保健的一种锻炼方式，也吸纳了道家文化的养生思想。传统体育练习过程中要减少人的欲望、私心，从而达到修身养性的目的。“致虚极，守静笃”，守“静”，守“弱”，至柔，顺应自然，合乎自然规律，都是传统体育练习应遵循的原则，由此也体现了道家文化“清心寡欲”的养生思想。

3. 传统体育养生中的中医文化养生观

中医养生观包括预防观、整体观与平衡观。注重未病先防，精神与身体的整体保养，认为阴阳平衡就是健康的标准。传统体育是基于延年益寿的养生目的，进行自我锻炼的方法。传统体育养生具有一定的预防疾病的作用，通过适当练习

[1] 陈鑫. 陈氏太极拳图说 [M]. 太原：山西科学技术出版社，2006：80.

可促进全身内外循环，濡养各脏腑气，维护身体免疫系统，增强抵抗病菌和自身调节修缮的能力，达到预防疾病的目的。

传统体育养生实际上是通过自身活动，调动身体肌肉的同时配合呼吸运行，以疏经活络，平衡协调整个肢体的活动。在传统体育练习过程中，身体不断运动调节每个系统的功能，通过大脑调控，用意念主动放松，主动调整身体状态，体现了典型的中医文化养生观。

第二节　中医学理论与传统体育养生

中医是中华民族在几千年生活实践中产生的一种医疗方式和保健活动，在融合了先秦诸子百家思想的基础上，逐渐形成了一套完整、系统、独特的理论体系。这种理论体系是“以整体观念为主导思想，以阴阳五行学说为哲学基础和思维方法，以脏腑经络精气血液为生理病理基础，以辨证论治为诊治特点”[1]的医学理论体系。传统体育养生作为人类养生保健的身体实践活动，深受传统中医学理论影响，折射出中医学理论的养生智慧。

1. 中医阴阳理论与传统体育养生

阴阳是古代先人在生活实践中，对自然界现象或事物之间相互对立的双方属性的概括。古人认为，自然界中的万事万物都有正反两种属性，这种属性既具有相互对立的一面，又具有相互统一的一面。对立统一普遍存在于自然界的一切事物中。例如，天为阳，地为阴；男为阳，女为阴；白天为阳，晚上为阴；山为阳，水为阴；火为阳，水为阴；热为阳，寒为阴；升为阳，降为阴；明为阳，暗为阴等。阴阳思想被普遍应用到万事万物的发展联系中。

阴阳思想是中医学的基础理论。阴阳思想对中医产生重要影响，并被运用到中医理论体系的方方面面，成为中医治病的重要理论思维和实践基础。就人体而言，中医用阴阳思想认识不同部位的人体组织结构。例如，外为阳，内为阴；后为阳，前为阴；体表为阳，体内为阴；心、肺之上为阳，肝、肾之下为阴等。就人体生理活动而言，功能属阳，物质属阴。属阳的气有生血、摄血的功能；属阴的血有载气、养气的功能。就人体病理变化而言，人的疾病又分为阴邪和阳邪两

[1] 何建成. 中医学基础 [M]. 北京：人民卫生出版社，2016：1.

大类。阴阳失调，就容易产生阴阳偏盛、阴阳互损、阴阳转化等。

古代养生的目的，一方面，增强体质，保持身体健康，延年益寿；另一方面，最主要的是保持自身的阴阳平衡，即“法于阴阳”。因此，传统体育养生在运动的过程中，无处不体现传统中医的阴阳养生思想。在传统体育养生运动中，阴阳思想贯穿其中。一般而言，传统体育养生动功属于阳，而静功则属阴。传统体育养生中的开合、动静、内外、呼吸等方面，都体现了中医阴阳理论。例如，太极拳运动中的动静、虚实、开合、刚柔、快慢、屈伸、进退、收放等都体现了阴阳对立统一关系。传统体育养生调息也体现阴阳思想。吸为阳，呼为阴。鼻吸清气为阳，口吐浊气为阴。存气闭息，可以去寒；呼出浊气，可以清热。因此，阳虚者应练吸，注意吸气，延长吸气时间；阴虚者应练呼，注意呼气，延长呼气时间。

2. 中医理论的“精、气、神”与传统体育养生

中医理论认为，精、气、神是构成人体的基本物质，也是人体生命活动的重要组成部分。

“精是禀受于父母的生命物质与脾胃运化的水谷精微相互融合而形成的精华物质，是构成人体和维持人体生命活动的基本物质之一。”[1]“精”可以促进人的生长发育，可以养骨化血。“精”包括先天之精和后天之精，先天之精与生俱来，是生命的本源；后天之精主要从五谷中转化而来。在人出生之后，人们从饮食中汲取营养，通过脾胃的消化，将五谷转化为人体所需要的精。因此，先天之精不仅需要后天不断培育，还需要先天之精的充养。精作为人体生命活动的精微物质，与人的生、老、病、死等生命活动息息相关。因此，传统体育养生也把养“精”作为涵养生命的重要方式和手段，通过养“精”达到涵养生命的目的。

“气”作为古代人对自然现象的一种认识，一直受到人们的重视。古代哲学家一直认为，“气”是宇宙的本源，是构成世界的基本物质。宇宙中的万事万物都由“气”组成，人体也被认为是由“气”组成的，“气”在中医学理论中被广泛运用。中医学理论认为，“气”包括先天之气和后天之气。先天之气与生俱来，由先天之精化生而来；后天之“气”从饮食中获取，为水谷之气。气的运动贯穿于整个生命过程，可以推动人体器官及其生理机能有效运行。传统体育养生非常重视对“气”的培育，如太极拳要求以意导气，要“内气充盈”；传统导引提倡“吹

[1] 何建成.中医学基础[M].北京：人民卫生出版社，2016：76.

呴呼吸，吐故纳新，熊经鸟申，为寿而已矣”。

“神”是人体生命活动的外在表现。“神”具体反映在人的眼神、语言、表情形态等多方面。神以人的精、气、血为主要物质基础，通过外在的生命活动特征反映人体内在精、气、血的状态，如“两精相搏谓之神”(《灵枢·本神》)，“神者，水谷之精气也”(《灵枢·平人绝谷》)。所以神形成于先天之精气者为元神，它受后天水谷之精气的滋养；而能思虑、意识者为识神。传统体育养生也非常注重养神，通过调身、调息、调心，最终让身心达到一种健康的状态。

3. 中医经络学说与传统体育养生

经络学说是研究人体经络系统的组成、分布、功能、病理变化与脏腑器官、精气血等的关系的学说。经络通过内连脏腑,外连四肢百骸,沟通人体上下内外，调节人体运行通路，是人体气血运行的通道，能维持人体功能器官的正常运行。

经络有十二经脉、奇经八脉、十二经别三类。十二经脉是人体内在气血运行的主要通道，包括手三阴经、手三阳经，足三阴经、足三阳经。手三阴经包括手太阴肺经、手厥阴心包经、手少阴心经，手三阳经包括手阳明大肠经、手少阳三焦经、手太阳小肠经；足三阴经包括足太阴脾经、足厥阴肝经、足少阴肾经，足三阳经包括足阳明胃经、足少阳胆经、足太阳膀胱经。这十二经的循行路线，有一个简单的口诀:“手之三阴，从脏走手，手之三阳，从手走头；足之三阳，从头走足，足之三阴，从足走脏。”就是手阴经从内脏走手而交于手阳经，再由手阳经从手走头而交于足阳经，再由足阳经从头走足而交于足阴经，再由足阴经从足走内脏而交于手阴经，成为一个循环。这样，循环不息地由阴入阳，由阳入阴；从表走里，从里走表；自上而下，自下而上。

奇经八脉是指督脉、任脉、冲脉、带脉、阳跷脉、阴跷脉、阳维脉、阴维脉。八脉中督脉沿脊内行于身后，主一身之阳；任脉沿腹内行于身前，主一身之阴；冲脉走腹内散于胸中，为十二经的冲要，皆起于会阴部；带脉则环绕季胁下，犹如束带，总约诸经；脉行于肢体外侧称阳跷，行于内侧称阴跷；维有维系的意义，维系诸阳经为阳维，维系诸阴经为阴维。

十二经有一部分出入阴经和阳经之间，作为中途联系的通路，比络脉更为深长，被称作“经别”。经别之外，又有循行体表不入内脏，起于四肢末梢，行于四肢腕、肘、腋、踝、膝、股之间，与经别走入深部恰恰相反的，称作“经筋”。

还有十五络为经脉传注的纽带，络和孙络错综分布于诸经之间。

一般外邪的传变，大多通过经络由表入里、由浅入深。因而可从某一区域内所发生的症状，测知发病的经、脏，并能根据这一经、脏来进行治疗，所以经络在内科临症上也占据重要地位。例如，十二经的发病：肺手太阴经发病常见喘咳，缺盆中痛，两手交心，臑臂内侧前缘痛厥，掌心发热；大肠手阳明经发病常见齿痛喉痹，肩前臑内作痛，食指痛不能动；胃足阳明经发病常见鼻衄，口㖞，唇内生疮，膝膑肿痛，沿膺乳股胫外侧足背皆痛，足中趾不能屈伸；脾足太阴经发病常见舌本强硬，胃脘痛，股膝内侧发肿厥冷，足大趾不能运用；心手少阴经发病常见心痛，胁痛，臑臂内侧后缘痛厥，掌心发热；小肠手太阳经发病常见咽痛，颊肿，肩臑、肘臂外侧后缘疼痛；膀胱足太阳经发病常见头痛，项强，腰脊痛，尻腘腨足等部均痛，足小趾不能用；肾足少阴经发病常见咽肿，烦心，脊股内侧后缘疼痛痿厥，足心热痛；心包手厥阴经发病常见手心热，肘臂拘挛，腋下肿，胸胁胀满；三焦手少阳经发病常见耳聋，喉痹，颊痛，耳后、肩臑、肘臂外侧均痛，无名指不能用；胆足少阳经发病常见头痛，眼外角痛，腋下肿，胸胁髀膝外侧直至胫骨外踝前皆痛；肝足厥阴经发病常见喉干，胸满，疝气，遗尿或小便不利。以上十二经病症，均可就其何处痛，何处热肿，分别治疗所属的各经、脏。此外，自内脏发生的疾病，同样会在所属经络反映出来，气留则痛。例如，肺、心有邪，其气留于两肘；肝有邪，其气留于两腋；脾有邪，其气留于两髀；肾有邪，其气留于两腘。

传统体育养生是以形体运动为手段，以疏导经气循行为舟桥，以追求五脏六腑的功能健全为目的的摄养方法。“量体裁衣，因人施教”是决定传统体育养生效果的关键。传统体育养生在应用时既没有固定的套路，也没有千篇一律的招式，只有依据具体情况建立个体的运动模式或灵活的动作组合。这就好似中药处方，都是依据辨证论治的原则，对每个患者进行具体处理的。

传统体育养生疗法是通过刺激经络和孔穴来实现内练脏腑的，但对经络和孔穴的定位不如针灸或指针那么严格。只需对特定经络循行的径路或孔穴所在区域，形成一定的牵扯绷拧或钳夹挤压的刺激转换即可。“五脏有疾，当取十二原”，原穴多在手腕和脚踝，所以传统体育养生注重手腕和脚踝的屈伸。

以手腕屈伸的动作为例，当手上升时，手和前臂背侧的阳经处于绷扯状态，位于腕关节背侧横纹处的阳溪、阳池和阳谷等孔穴则处于撑张开大的态势；位于前臂掌侧的各阴经处于完全松弛的状态；位于腕关节掌侧横纹上的太渊、大陵和神门等孔穴，则处于钳夹挤压的态势。（图 2–2–1）

当手下降时，上述各经络和孔穴所处状态则会发生颠倒互换。此外，还可以通过调整前臂和手内外旋的角度，来选择主要受刺激的经络和孔穴。手腕屈伸动作主要刺激心包经和三焦经的经气循行，除用于摄养之外，还可用于慢性头痛、失眠、耳鸣、面赤、心慌、胸闷、胃痛等病症的祛病康复。（图 2–2–2）

图 2–2–1

图 2–2–2

传统体育养生中提腿伸踝的动作，当一侧腿向上抬起时，位于该下肢前侧的胃经处于绷扯状态，归属于胃经的解溪穴，因踝关节的伸直而处于撑绷开大的态势。（图 2–2–3）

位于该侧下肢踝关节后侧，归属于足太阳膀胱经的昆仑穴和仆参穴，归属于肾经的太溪穴和大钟穴等则处于钳夹挤压的态势。（图 2–2–4）

一旦恢复常态站立，上述刺激又将解除。此一锻炼对胃经的作用最为明显。除可用于养生之外，也可用于肠鸣、腹胀、喘促、气短、胸腹前或膝关节疼痛等多种病症的祛病康复。

（正面）

图 2–2–3

（侧面）

图 2–2–4

思考题

1. 简述中医阴阳理论与传统体育养生的关系。
2. 简述中医理论的“精、气、神”与传统体育养生的关系。
3. 结合传统体育养生实践，试述传统体育养生的基本理论。

第三章

传统体育养生的基本操作

养生实践操作主要从人的身体、心理和呼吸等方面进行调节。传统体育养生依据调身、调心、调息，开发人体潜能，增进人的身心健康。传统体育养生的各种功法大多围绕调身、调心、调息展开。传统体育养生功法的练习过程是一个循序渐进的过程，从三调入手，逐渐步入三调合一的操作过程。在传统体育养生的起始阶段，一般先从调身开始，先关注身体动作肌肉的放松。在此基础上，要求动作与呼吸相配合，排除杂念，放松心情，进入“调心”状态。最后，达到呼吸与动作自然协调，身体进入松静状态。

第一节　传统体育养生中的调身

传统体育养生中的调身是指对身形进行调整，这里所说的身形，不仅限于人的躯体、四肢。内而五脏六腑，外而四肢百骸；筋、膜、骨、血、肉，以至于人生三宝之一的精，都属于形的范畴。因而，无论是动功、站桩，还是坐功、卧功，都需要调整身形。例如，打坐、站桩、卧功都要充分放松形体，在放松过程中，还需调整各部关节、肌肉、腱、膜、筋等。调整身形的过程也是主动运用意识的过程，是意识活动与自己的身形和动作相结合的过程。正确的姿势可促进人体内的气血沿着正确的轨道运行，错误的姿势（包括动作）可导致人体气血阻滞。适当地引动形体，有利于入静；正确地调整身形，可以畅通气血的运行，易于达到形安神静。练动功时，意念集中在运动着的形体上，能起到收摄心神的作用。对形体的引动、调整，能使全身各部位变得灵活，使神意对形的控制、调整变得更为灵敏、有效。

调身的内容包括内在操作和外在操作，前者是肢体内在感觉、关系的操作；后者是肢体外在间架、位置的操作。其中，外在操作包括姿势和动作的操作。连续操作不同的姿势即动作，动作的分解定势就是姿势，两者可以互相转化。练功常用的姿势大致可分为站式、坐式两类。

一、内在操作

在传统体育养生实践操作中，内在操作一般应用于静功练习，是按照从头部到脚部的顺序依次进行锻炼的方法。内在操作对身体主要部位要求如下。

（一）头颈部

头正颈松是内在操作对头颈部的基本要求。头部要正直。我们常提到“头如悬”，是说头顶正中好像被一根线向上牵着，这样头部自然就正直了。但“头如悬”所蕴含的意义还不仅于此，它还有颈部舒松的意思。头被线牵起来，便能减轻颈部的压力，颈椎可以松开，有利于督脉的畅通。然而，头部的正直不是绝对的，实际上有些微微前倾，操作时只需把下颌稍稍向内收些即可。因为头部完全竖立时，颈椎是压缩的，不能伸展，唯有头部略前倾，颈椎才能充分展开。另外，下颌微收和头部前倾与含胸拔背的操作也有密切关系，这在谈到胸背操作时还要提及。目光一般要求平视或略微下视，如目视鼻准，这里视线的要求与睁眼或闭眼无关，操作上与意守有密切联系，意守丹田和内视丹田的操作类似。口要轻轻闭合，舌应自然置放。许多功法要求舌抵上腭，这是为了接通任脉。舌抵上腭应抵在上腭与牙齿的交接处，轻触即止，无抵抗之意。头部的形体操作还须注意舒展眉头和放松面部肌肉。这不仅是形体操作问题，还直接与情绪操作有关。（图 3–1–1）

图 3–1–1

（二）肩部

松肩坠肘是内在操作对肩部和肘部的基本要求。首先是肩一定要放松，要自然下垂，绝对不要耸肩。耸肩不仅会使肌肉紧张，而且会直接影响气机下沉，有碍于腹式呼吸的形成。耸肩在站桩双臂抬起时比较容易发生，特别是抬臂过高时。坠肘是松肩的延续，松肩不仅是肩膀的放松，而且要顺势松到肘。整个肩臂放松了，坠肘就可以自然形成。另外，在站桩时，大都还有虚腋的要求，即双臂不要贴在两肋上，应该稍有空隙。这也是为了使肢体更加舒展和舒适，如果双臂紧夹在一起，气血的流动必然会受到影响。（图 3–1–2）

图 3–1–2

（三）胸背部

含胸拔背是内在操作对胸背部的基本要求。含胸有利于气机下沉，形成腹式呼吸，拔背有利于脊柱伸展，使督脉更为通畅。含胸的操作与下颌内收直接关联，收下颌时胸部自然就会往里收一些。练功所要求的含胸，胸部内收的程度很小，只要不故意挺胸，再加上下颌微收就足够了。含胸与拔背的操作是同时的，含胸的程度决定了拔背的程度。含胸过度就不是拔背而是驼背了。“拔”的意思是挺拔而不弯曲，故含胸拔背操作正确时，脊柱基本上是竖直的。脊柱在腰背部有一个生理弯曲，含胸拔背的结果是部分抵消这个生理弯曲，因此这时脊柱的竖直程度比平常要更大一些。且由于下颌微收，脊柱在颈部的生理弯曲也被抵消了一部分。故站桩时，脊柱从上到下都能充分伸展。

（四）腰胯部

伸腰沉胯是内在操作对腰胯部的基本要求。无论是站式还是坐式，伸腰沉胯的操作都十分重要。伸腰是腰部要伸展开，挺直，不能塌腰。其作用主要是将腰部的脊柱伸直。注意伸腰不是挺肚子，腹部要略向内收。沉胯是胯部要向下坐，站式练功要求臀部如坐高凳，用意也在于此。伸腰沉胯除有利于伸开脊柱外，还使身体的重心能够落在下腹，这非常有利于气沉丹田。

（五）下肢

轻松安稳是内在操作对下肢的基本要求。站桩时，在能够保持直立的前提下，两腿要尽量放松，双膝应微屈，屈的角度以不超出足尖为限。双脚的距离一般要求与肩同宽，五趾微微抓地。两脚平行，比较符合人体生理的自然姿势。另外，练习桩功时下肢并非完全挺直不动，一般情况下，会微微有些晃动，这不是站立不稳，而是站立得更稳。而且，微有晃动的站立比完全静止的站立要省许多气力，比较轻松。

二、外在操作

在传统体育养生中，外在操作一般应用于动功的练习，主要是指姿势和动作的操作。外在操作对身体主要动作要求如下。

（一）坐式调身

（1）座具坐：坐在座具上练功，如坐在椅子上或凳子上。一般要求座具与小腿等高，坐时小腿与地面垂直，两足平踏于地，大腿保持水平位；臀部坐稳，腰部直伸或稍微前塌，但不可腆肚子；含胸拔背，收下颌，百会上领；身体保持中正，符合身形各部要求；两手可自然放在腿上，或置于小腹前。座具坐的优点是比较容易放松，耗力少，可长时间练功，每个人都可以练，且随时随地可以练。座具坐是坐式中最常见的一种，是放松功和内养功等精功练习时常选用的姿势。除体质虚弱者不能平坐外，一般患有慢性疾病者和身体健康者均可采用。

（2）自然盘膝坐：这种方法是随便一坐，双腿一盘，两足放在大腿下，双腿交叠（图 3–1–3）。这种坐法的优点是可以使膝、胯放松。按严格要求，应把两脚压在臀下，压得越多对增强人体的气血流通越有利。从辩证的观点来看，两腿随便一盘，体内气血流通的力量比较小。压住后，刚开始气血流通会受阻；练一段时间以后，体内气血就会畅通，这种通说明气血的冲力变大了。盘坐比坐椅子的气血冲压力要大，可以促进气血往深层流通。

图 3–1–3

（3）跪坐：跪坐也称金刚坐（此式可列入坐式，也可列入跪式，日本称此跪法为“三折式”）。其方法：先用两膝着地，大腿及上体挺直，两脚与小腿平行或重叠两脚放在身后，然后臀部下坐压在两脚上（图 3–1–4）。跪坐要求胯后收，腰前塌，臀放松后放，胸内含拔背。此式抻动脚部的力量要强些。

图 3–1–4

（二）站式调身

1. 站桩时下肢的五种基本形式

（1）马步桩：两足平行站立在人体横断面的一字线上，称为“马步桩”；两足距离与肩同宽，为“小马步桩”；两足距离横开增加一倍称为“大马步桩”。（图 3–1–5、图 3–1–6）

图 3–1–5

图 3–1–6

（2）川水桩：两足平行站立，一足在前，另一足在后，两足间的距离约是足长的两倍，称为“川水桩”。左手前伸约与肩高，掌心向前；右手置于右胯前一侧，掌心向下，五指向前。（图 3–1–7）

（3）外一字桩：两足在一横线上，足尖外撇，两足形成外一字，两手多成合十手，称为“外一字桩”。它是松前胯的有效桩法。

（4）外八字桩：两足在一横线上，足尖外撇，呈外“八”字形，是平行脚式与外一字脚式相结合的变式，由小马步桩两足尖外撇而成。（图 3–1–8）

图 3–1–7

图 3–1–8

（5）童子拜佛桩：两足在一横线上，足尖内扣，两足形成内一字，两手多成内向合十手，称“童子拜佛桩”。这是抻筋拔骨最全面、最有效的桩法。

（6）内八字桩：两足在一横线上，足尖内扣，呈内“八”字形，是两脚平行式与内一字脚式相结合的变式，由小马步桩两足尖内扣而成。（图 3–1–9）

（7）凌空桩：武术中还有凌空式的站法，似小马桩式，两足跟提起，只以足尖着地，这是难度最大的站桩。（图 3–1–10）

图 3–1–9

图 3–1–10

2. 站桩时上肢的三种基本形式

（1）环抱式：两臂圈成一环状，但不相接，掌心向内，利于气息内收，气整而不易散，可练臂之弹性力。其中又包括养生式、抱月式、贯气式。

①养生式。两腿成小马步桩高桩式，两手置于下丹田，形成向上抱的环。（图 3–1–11）

②抱月式。两腿成小马步桩式，两臂略低于肩，在胸前形成向内抱的环，形如抱着一轮圆月。（图 3–1–12）

③贯气式：两腿成小马步桩式，

图 3–1–11

图 3–1–12

或两足并拢直立；两臂在头顶上方环抱，掌心对向头顶，似向头顶贯气。（图 3–1–13）

（2）外开式：两臂内圈如环，但不相接，掌心向外，此式引气充固，练臂之“二争力”。此中又包括拄地式、排云式、举鼎式。

①拄地式。两腿成马步桩；两臂于小腹前圈如环状，掌心向地下按，两手中指似接非接。（图 3–1–14）

②排云式。两腿成马步桩；两臂在胸前圈如环状，与肩等高，掌心向外，两中指距离寸许；双目注视两手中间的空间。（图 3–1–15）

③举鼎式。两腿成马步桩；两臂在头顶上方圈如环状，掌心向上，两手中指似接非接。（图 3–1–16）

图 3–1–13

图 3–1–14

图 3–1–15

图 3–1–16

（3）直撑式：两臂伸直撑力。此中又包括推山式、立地式、排山式、托天式、伏虎式、拄地撑天式、独立撑天式。

①推山式。两腿成马步桩；两臂与肩等宽、等高，向前直撑，坐腕、立掌，掌心向外腆，指尖、指背向内收。（图 3–1–17）

②立地式。两足开立，两腿直立；两臂下垂伸直，掌翘起与臂成 90°，

掌下按，指尖向前。（图 3–1–18）

图 3–1–17

图 3–1–18

③排山式。两腿成马步桩或腿直立；两臂左右平举成一字，坐腕、立掌，指尖向上，掌心外腆，指尖、指背往回拉。若五指分开，称五丁开山式。若掌心向下，手指卷如钩，手腕上提，称二郎担山式。（图 3–1–19~ 图 3–1–21）

图 3–1–19

图 3–1–20

图 3–1–21

④托天式。两腿成马步桩或直立；两臂上举伸直，掌心向上，指尖向后，如托物。（图 3–1–22）

⑤伏虎式。两腿成川水桩。左臂向前下 45° 直伸，翘掌掌心下按，指尖向内前；右臂撑圆于腹部前方，掌指向左，掌心向下。（图 3-1-23）

⑥拄地撑天式。两脚平行站立，腿伸直，与肩同宽。一臂下撑、翘掌，指尖向内于大腿根前，掌心下按；另一臂上举直伸，掌心向上撑，指尖向内。（图 3-1-24）

⑦独立撑天式。与拄地撑天式大致相同，唯一不同的是一腿抬起，大腿抬平，小腿下垂，脚尖朝下。（图 3-1-25）

图 3-1-22

图 3-1-23

图 3-1-24

图 3-1-25

第二节　传统体育养生中的调息

调息也称炼气，是指调控呼吸、引导内气的实践操作活动。调息是传统体育养生实践操作的重要环节之一。传统体育养生在实践过程中，往往通过调整呼吸引导内气逐渐充盈，进而达到养生的目的。传统体育养生的调息包括两方面，一是将人体的自然呼吸慢慢调整到胎息；二是将呼吸之气息“调柔人细，引短令长”。

一、息指精神的安宁

息字可分解为上自下心，即自立于心之意。其中的自已不是指肉体的我，而是意识的我。自立于心之意是指把意识这个我放在心里，隔开与外界的联系，不与外界发生作用，不受各种影响干扰。当把意识这个我放在心上，意识与心就会

产生连接，精神就会安宁，这就是息。

二、息指呼吸

中医认为，一呼一吸谓之一息，有气往来之意，中医讲一吸脉行三寸，一呼脉行三寸，呼吸定息脉行六寸。呼吸时，人体的毛窍气机会随之开（呼）、合（吸），气息也会随之变化。本章的调息主要指此而言，不作“自心”讲。一呼一吸谓之息，可以说是人体的呼吸，也可以说是大自然的呼吸，是彼此的气机都在开合。人通过呼吸与宇宙万物进行交换，除与氧气、二氧化碳等气的交换以外，还有各种信息的交换。通过呼吸，人和大自然连在一起，这种联系也叫“嘘吸、吹响”。

三、息指呼吸之间的停顿

从字义上讲，气是指呼吸之意；息是指休息之意，即呼吸之间的停顿。人一降生就有了自主呼吸。后天进行自然呼吸时，吸气是主动的，因而呈现吸、呼、停，再吸气、再呼气、再停……如果我们能把精神注意到停的一刹那的几秒，即能很好地调整身体。吸与呼之间也有停顿，但更短促，故一般不易注意到吸呼之间的停顿。根据现在一般正常人每分钟呼吸 18 次计算，一昼夜是 25900 多次呼吸。由于呼吸与大自然紧密相连，所以呼吸转起来也是一大周天之数。古人认为，若能带着意念进行每次呼吸，注视呼与吸之间的停顿，天地之间的精气就能为你所用。

调息在古代被称为吐纳、炼气、调气、食气等，是指在意念的引导下，通过调整自已的呼吸，协调意念与呼吸，以达到充盈内气的目的。调息的过程就是对呼吸的训练过程。传统体育养生在实践操作中有自然呼吸、腹式呼吸（包括顺呼吸和逆呼吸）和提肛呼吸三种呼吸形式，其中最常用的是腹式呼吸。传统体育养生实践操作中的调息要做到循序渐进，总体呈现深、长、细匀的特点。传统体育养生的部分功法要求在吸气之末，有意识地使呼吸停顿下来，过一段时间之后再呼出来，停顿时间的长短根据练功情况而定。在静功练习时，开始重视身体姿态的调整，而后关注呼吸的调整，最后达到呼吸与身体运动相协调。

第三节　传统体育养生中的调心

调心也称炼神，是调控心理状态的实践操作活动。调心主要包括意念性操作和境界性操作两方面。意念性操作是有意识地进行调整，境界性操作是无意识地进行调整。意念调控指练功中有意引导、形成或消除特定意识内容的操作，主要包括意守、存想、入静。存想是意守想象中事物的心理操作活动，存想亦称观想。存想与意守既有区别又有联系：其区别在于存想的对象与意守的对象有质的不同，存想的对象是想象的，而意守的对象是实有的；其联系在于二者都是意识的指向性操作活动，但存想是想象和指向，意守仅是指向。

传统体育养生的调心操作还包括养性的内容。所谓养性，是指人的本性或本质，它只能去感受和体会，看不着、摸不到，却支配和左右着一个人的言行。人的肉体形是由性支配的，性是命的主宰，是人的灵魂。当你向他人介绍另一个人时，除了高矮胖瘦、年龄、学历和工作等情况外，还应包括性格、脾气、特长等内容。否则，就很难对一个人产生比较全面的认识。一个人肉体的形好似硬件，性则好似软件，两者缺一不可。

中医经典《灵枢经》明确指出了“志意和则精神专直，魂魄不散，悔怒不起，五脏不受邪矣”的道理。也就是说，良好的精神状态是保持健康的前提和条件。我们在锻炼身体的同时，更应注意以育德而养性。因为身体健康的前提是心情舒畅，心情舒畅的前提是拥有高尚的情操。缺乏高尚情操的人，可能会给自己增添许多的麻烦，因为狭隘、吝啬、自私、妒忌或贪婪等不良心理对身心都有严重的损害。

可以说一个人的健康、际遇、前途、命运等方面的状况，从根本上来讲，都是一个人的性所决定的，所以要想改变自己，让自己变得更美好，就要懂得养性。先天生就的性，尽管极难改变，但也不是不可能改变的，随着知识、学识、见识、信仰及“三观”的改变，人性也可能会发生变化。由于此过程漫长且难度极大，所以才被称为“修炼”。修炼，即意味着从灵魂深处去重新铸造自我。那么，怎么养性呢?

养性需要育德。传统体育养生理论讲，立身中正，做人也是，要养浩然正气，如赵堡太极拳讲，不贪不欠，就是要求不能贪心，做人也是如此。中国传统体育

养生文化中的“和谐思想”，以及在运动中所体现的“斗争中求平衡，变换中求和谐”的运动理念，都是很好的德育素材。传统体育养生以“阴阳学说”为指导思想，以中国传统的整体思维方式把握内涵。“平衡、对称、和谐”是自然界的根本法则，也是传统体育养生拳练习的基本原则，所以在练习传统体育养生时，要突出刚柔相济、开合相寓、虚实互换、快慢相兼等对立统一法则。同时，劲力上要讲究前发后塌、逢上必下、逢左必右，以维持自身的平衡与和谐，体现阴阳和谐的辩证原则。传统体育养生以中国传统哲学中的宇宙观、人生观为理论基础，为人生哲学提供了具体实践的方法，人们通过传统体育养生的修炼而感悟人生，并以此达到内外双修、德艺兼备的效果，从而实现人的身心健康和谐。传统体育养生在练习过程中还强调“不偏不倚”“无过而不及”的适中思想，讲究实中有虚、柔中寓刚、动中求静、阴阳相生、浑然一体，达到一种中和的完美。

养性是中华民族独特的修炼方法。虽然在历史上叫法各异，甚至形式不同，但其中心思想都是对德的培养。同时，修炼者都重视习静修炼，因为习静能将人带入潜意识，而潜意识的活动，对健康有显著的影响。《素问》中记载“精神内守，病安从来”。意思就是说，心不外驰，能有效地防止疾病发生。

那么，什么是潜意识呢？潜意识是心理学家弗洛伊德提出的概念，他曾用冰山理论来比喻意识和潜意识的关系。他认为，意识好比冰山显露在水面以上的部分，而潜意识好比冰山潜藏在水面以下的部分。大家知道，冰山显露的部分很小而潜藏的部分却很大。弗洛伊德之所以采用这个比喻，就是想告诉人们，潜意识是一个比意识大得多的领域。而且他认为，人自有生以来所有的经历都埋藏在潜意识之中，不管能否回忆起来，那些经历作为信息一直存储在潜意识这个容量巨大的仓库里，并对意识的发展有着决定性的影响。

其实在两千多年以前，在中国古代宗教经典著作和宗教修炼实践中就存在深层心理学。更重要的是，在如何运用这种理论实现人类自身的人格重建和潜能开发等方面，已经形成了一个完整的体系。这一体系对现在和将来都有很高的实用价值。《黄帝阴符经》是与《道德经》齐名的道教经典著作。《黄帝阴符经》里有这样一句话：“人知其神之神，不知不神之所以神也。”这里指出，人有两种神，一种叫作“神”，另一种叫作“不神”。这句话是说，人们只知道“神”非常奇妙，而不知道“不神”更加奇妙。《黄帝阴符经》里“神”和“不神”与弗洛伊德的“意识”和“无意识”存在相应的关系。后来，唐代道士吕洞宾（798—？）在他的著作《太乙金华宗旨》中，把《黄帝阴符经》所说的“神”和“不神”重新界定为“识神”和“元神”，并进一步探讨了识神与元神的关系及其在修炼中的关键作用。

如唐朝和尚玄奘，他在印度时主修唯识学。唯识学认为，世界上万事万物都以“识”为根。这“识”分为八种，即眼识、耳识、鼻识、舌识、身识、意识、末那识、阿赖耶识。其中，眼识、耳识、鼻识、舌识、身识为“前五识”，意识为“第六识”，末那识为“第七识”，阿赖耶识为“第八识”。玄奘曾著《八识规矩颂》，对前五识、意识、末那识和阿赖耶识逐一加以诠释。同时，他还集印度唯识学十大论师之大成，编译出中国唯识学派的奠基著作《成唯识论》，因而成为唐代唯识宗（亦名法相宗）的创始人。从现代深层心理学角度来看，前五识和第六识属于意识范畴，是以知觉与感觉洞察万物。第七识和第八识属于潜意识范畴，是以直觉与本觉洞察万物。第八识有很多别名，由于其像一个硕大无比的仓库，具有不可思议的藏储容量，故称“藏识”；在这个大仓库里储藏着能够化生万物的各种各样的种子，故称“种子识”“一切种识”；第八识能够决定人生善业恶业的异熟果报、转世轮回，故又称“异熟识”。

可以看出，不管是西方深层心理学，还是中国传统的儒释道文化，都推崇在潜意识层次进行养生修炼，利用这样一种潜能开发来为自己的健康服务。他们采用的方法，就是习静修炼，那么习静为什么能够产生健康效应？习静修炼该如何操作呢？

从现代科学角度讲，人有旧脑和新脑。旧脑是间脑、小脑和脑干，这是生命活动的物质基础，如心跳、呼吸、体温、血压等。新脑是大脑皮层，是意识活动的物质基础。人的新脑特别发达，这是人类优越于其他动物的基本特点之一。发达的新脑能够使人类发挥更大的主观能动性，去更好地认识世界、改造世界。然而，新脑频繁地活动，会经常干扰旧脑的功能，使人体生命活动出现种种障碍。例如，我们生活中的压力、工作中的烦恼、疾病的恐惧、对以前做错事的悔恨，以及对未来的焦虑，如果不能很好地排解，这些障碍就会在大脑中挥之不去，使人们生活在痛苦中，引起生理上的病变，从而影响身心健康。要想使这些障碍得以解除，应该适当地抑制新脑的活动，因此，还需要对新脑的活动规律有一定的了解。大脑皮层活动时，其上有很多的兴奋灶，犹如夜间城市的万家灯火，又像夜空的点点繁星。要想抑制这些兴奋灶，有一个规律可以运用，那就是在大脑皮层建立一个优势兴奋灶，发挥副反馈作用，使其他兴奋灶被逐渐抑制下来。

当然，把意识转化为潜意识不是一件容易的事情，因为潜意识主静，而意识主动。古人曾用“心猿意马”这个成语来形容意识变动不居的特性。也就是说，意识犹如丛林里上蹿下跳的猴子，又像草原上奔腾无羁的野马，片刻不停，易纵难收。如何能把它们“定”住，不让它们乱蹦乱跑呢？有一个办法，那就是把它们拴在某一处，使它们由动转静，这叫“拴心猿，锁意马”。

凝神，就是集中注意力。凝神入丹田，就是把注意力集中起来并指向丹田。严格地讲，这里的凝神，并不是那种带有紧张甚至焦虑的注意，而是在身心安和、轻松愉悦的背景之下的注意。通过这样的凝神，意识就被“定”在丹田，于是由动转静，启动向潜意识转化的过程。当然，凝神有很多种方法，如“凝神入丹田”属于“意守法”。此外,还有“调息法”“数息法”“存想法”“观照法”“默诵法”等。无论何种方法，目的都是一样的，都是在大脑中建立一个优势兴奋灶，以一念代万念的形式，将其他兴奋灶给抑制下去，最终入静。

调心不离经络，意守之处，通常都是穴位，结合意守的调息过程也是这样，最终起到调畅经络、运行气血的作用。引气攻病时，多在吸气时用意念将清气沿经络引至病所，呼气时，再用意念将浊气沿经络排出体外。如此反复，将经络作为通道，引气洗涤病处。

传统体育养生的关键在于调心，通过调控心理活动以主宰精气神的生生化化，物质代谢良性循环，才能“积精全神”，使“形”与“神”长期稳定地处于对立统一中，从而健康长存。具体来说，清心寡欲则神静而不外耗，心存正念，排除杂念则神明而不惑，于是就能使机体的一切活动尽可能符合养生之道，即自然规律。《勿药元诠》说得好：“积神生气，积气生精，此自无而之有也；炼精化气，炼气化神，炼神还虚，此自有而之无也。”这正是古人对新陈代谢过程的认识。神是虚灵的，但作为生命信息，它指挥机能活动从外界摄取营养物质来复利自身，这是从无到有。反之，消耗掉物质和能量，转化为精神活动和机能活动的信息，又是从有到无。这其实就是用意识来调控信息、能量、物质相互转化的新陈代谢过程。

思考题

1. 如何做到传统体育养生中的“三调”？
2. 传统体育养生中，“三调”的基本操作是什么？

第四章

传统体育养生调养五脏

五脏是指人体的肝、心、脾、肺、肾器官的总称。肝对人体之气具有疏通宣泄的作用。肝属木，肝气充盈，其调畅气机以向上升动与向外发散为特征。心主宰人体生命活动和精神意识思维活动。心属火，心主血，心气充沛则血液充盈、脉道通利；心又藏神，主神明。人的精神、意识活动等都受到心的主宰。脾为中焦，主要功能在于运化。脾属土，脾的生理特性以升为健，主四肢，开窍于口。肺的功能主气。肺属金，为阳中之少阴。肺主一身之气，具有调节全身脏腑经络之气的作用。肾藏精，肾主生长、发育，主纳气。肾属水，具有封藏、闭藏、潜藏的生理特性。《黄帝内经·灵枢》中指出："五脏皆坚者，无病；五脏皆脆者，不离于病"，这表明五脏功能的维护是人体健康的重要保障。传统体育养生通过身体运动的实践操作，对人体五脏进行调和，进而达到人体康健、养生的目的。

第一节　传统体育养生调养肝

在中医里，肝主疏泄，能够对气血、抒发、条达，以及畅泄有综合的管理功能。肝主调节情志，在志为怒，疏泄功能正常，病人就会表现出心情愉悦、舒畅。抑郁、多愁善感、生气，都会影响肝的疏泄，肝疏泄不正常，便会导致心烦易怒的现象，肝的疏泄还表现在有促消化的功能。再者，肝是维持气血津液的运行，影响气机的运动。肝有疏泄三焦、通利水道的作用；肝还主藏血，有储藏血液和调节血量的功能。此外，肝开窍于目，眼睛的疾病，要责之于肝。肝在体合筋，其华在转，也是肝主筋主着失于濡养，会去找肝治疗。爪甲是肝血充盈、气血润泽的表现。肝在志为怒、在液为泪，肝开窍于目，都是肝的特性。

一、养肝传统体育养生静桩

（1）单鞭：两腿两肩宽开立，屈曲，大腿（膝盖）外撑，臀部发力，膝盖不超过脚尖；两手臂侧开上举，与肩平，一手成勾手，另一手立掌外撑，沉肩坠肘，手臂微弯曲。（图 4–1–1）

图 4–1–1

（2）退步跨虎：立身中正，正马步站立，两脚距离约两倍肩宽；两臂弧形向两侧撑开，两手伸开，掌心向后，位于两膝前方偏外侧。（图 4–1–2）

（3）雀地龙：两腿开立约两倍肩宽，臀部下坐，重心偏右腿，左髋外旋，髋、膝与脚尖方向一致；左臂在左腿内侧前伸，拳心向上，右拳在右后上方，右臂成弧形位于头部右后，右拳与左拳相合。左右动作相同，方向相反。（图 4–1–3）

图 4–1–2

图 4–1–3

（4）指裆捶：下肢成偏马步，重心偏左腿；左手臂收于腰间，右手握拳，伸向斜下方。姿势可左右互换。（图 4–1–4）

（5）当头炮：下肢成半弓半马步，重心偏左腿，右膝弯曲并外撑，左膝与左脚尖对正；左拳上抬，在鼻尖正前方，正对鼻尖，右拳面向前，拳心向下，位于头部上方。（图 4–1–5）

图 4-1-4

图 4-1-5

（6）川水桩：两脚平行站立，左脚在前，右脚在后，两脚间距离约脚长的两倍；左手前伸与肩平，掌心向前，右手置于右胯前。左右动作相同，方向相反。（图 4-1-6、图 4-1-7）

图 4-1-6

图 4-1-7

（7）转身摆莲：两腿交叉下蹲，右腿在前，右膝与右脚尖方向一致，左腿膝与脚尖方向也一致，下跪后撑；左手按掌于右膝内侧，右臂撑圆上抬至头部上方，

拳心向外。左右动作相同，方向相反。（图 4–1–8、图 4–1–9）

图 4–1–8

图 4–1–9

（8）任督桩：两脚开立，右脚在前为虚，左脚在后踏实，两脚成丁字步，重心在左脚跟，上身保持中正。左手前伸，五指自然张开，指尖与眼睛同高；右手下按于下丹田前。左右动作相同，方向相反。（图 4–1–10、图 4–1–11）

（9）童子拜佛：单腿支撑，另一腿屈曲，外踝置于支撑腿大腿处，支撑腿下蹲；两手合十于体前。（图 4–1–12）

图 4–1–10

图 4–1–11

图 4–1–12

二、养肝传统体育养生动桩

（1）左蹬一根：左虚步点地，随后左腿抬起向身体左侧上摆；同时，双手由腹前交叉向两侧抬起至与肩同高。（图 4-1-13、图 4-1-14）

图 4-1-13

图 4-1-14

（2）掩手肱拳：马步站立。两手臂从上至下交叉划弧，重心置于左腿，右手成拳置于左腰，左手与肩齐高，向前推出；随后重心右移，左掌变拳收至左腰间，右拳向前击出。左右动作相同，方向相反。出拳时呼气，怒目瞪眼。（图 4-1-15~ 图 4-1-18）

图 4-1-15

图 4-1-16

图 4-1-17

图 4-1-18

（3）击地捶：马步站立。两拳置于腰间，重心左移，同时右拳向斜下方出拳；重心右移，同时左拳向斜下方出拳。怒目瞪眼，助气生发。（图 4-1-19、图 4-1-20）

图 4-1-19

图 4-1-20

（4）推法：站立，两足平行，与肩同宽，两膝微屈；两臂下垂，屈腕，掌心向上，指尖相对，靠近小腹。以鼻缓缓吸气，意念暗示清气从两足大趾沿大腿内侧的肝经上升至两胁；与此同时，两手如托物状，缓缓上移，至胸前与肩平行时吸气尽。随呼气默念“嘘”字，暗示浊气尽出，清气由两胁沿肝经降至足大趾，同时反掌，掌心向前，指尖向上，随呼气双手缓缓向左前方推出；左脚随之向左前方迈出一步，成弓步，重心在前屈的左腿上，右腿伸直；至呼气尽时反掌，掌心向上，指尖相对，向下收回至小腹前。同样伸左腿屈右膝，重心后移至右腿，再开始吸气，如此反复若干次，收回左腿；再换右脚向右前方迈出一步，并重复若干次（图 4-1-21~ 图 4-1-26）。

图 4-1-21

图 4-1-22

图 4-1-23

图 4-1-24

图 4-1-25

图 4-1-26

（5）推掌瞪目：刺激肝经的易筋经出爪亮翅势。两脚平行站立，与肩同宽；两手臂落肩沉肘，两掌相对竖立于胸前两侧，下颚微收，缓缓开胸挟背蓄劲；放松肩背，两掌前推，缓缓加劲，撑开五指，怒目前视，直至两臂伸直；缓缓由内而外放松，两掌放平，缓缓收回。本式功法具有开阔胸怀、舒伸上肢、疏肝明目之功效。（图 4–1–27、图 4–1–28）

图 4–1–27

图 4–1–28

（6）易筋经的青龙探爪：双手握固于腰间；右臂体侧直起，右拳变掌，掌心向上，目视右手；随即变“龙爪”，右臂屈肘，指尖向左，经下颌向体左水平伸出，身体左转 90° ，眼随手走；随后右掌握固收于腰间。左右动作相同，方向相反。“探爪”动作要求目光专注、眼随手走、形神合一。（图 4–1–29~ 图 4–1–31）

图 4–1–29

图 4–1–30

图 4–1–31

（7）六字诀的“嘘”字诀：两脚开步站立，双手握拳在腰间；身体右转，同时左掌从腰间向右侧伸出，至与肩同高。口吐“嘘”字，目视左掌。原路返回后再完成左式动作。一左一右为一遍，共做两遍。“嘘”字诀照应的是五脏六腑中的肝脏。口吐“嘘”字可以排出肝脏中的废气，调理肝脏；转身穿掌动作利于内外气体的交流，从而使肝气得到适当的调养，气血也得到相应的调和。（图 4–1–32、图 4–1–33）

图 4-1-32

图 4-1-33

（8）八段锦攒拳怒目增气力：身体重心右移，左脚向左开步，两腿屈膝半蹲成马步；同时，两掌握拳抱于腰间；目视前方。左拳缓慢用力向前冲出，与肩同高；瞪目，目视左拳。左臂内旋，左拳由拳变掌，虎口朝下；目视左掌。左臂外旋，屈肘，回收左拳之腰侧；目视前方。左右动作相同，方向相反。（图 4-1-34~ 图 4-1-36）

图 4-1-34

图 4-1-35

图 4-1-36

（9）大敦穴点地外旋，疏肝理气的大舞开跨势：左脚向左前方上步成弓步，同时两臂侧起至头顶前上方，右脚上步成丁步，两手同时下落至额前，屈膝下蹲；右腿外旋，臀部左摆，两臂弧形外撑，右臂与肩同高，左臂至左上方，左掌心对

玉枕穴，配合呼气；目视右手。左右动作相同，方向相反。（图 4–1–37、图 4–1–38）

图 4–1–37

图 4–1–38

第二节　传统体育养生调养心

根据中医基础理论，中医认为心主血脉、心藏神。心主血的意思是说，心气可以推动和调控血液的运行和生成，把营养物质输送到全身各部位。再简单点来说，就是只有心脏正常地搏动，身体才能正常健康地活动。心主脉的意思是说，心气不仅能够推动和调控血液的运行和生成，还发挥着让血液在脉道中通畅地运行，而不是运行到脉道外面的作用。心脏的工作不仅是主血脉，它还可藏神。心藏神是指心主宰人的精神、意识和思维活动。如果心脏好，那么人的精神就是饱满的，并且面色是红润有光泽的。

心开窍于舌，心与舌在功能上密切相关：心的功能正常、心血充盈，则舌体柔软红润、活动自如、味觉灵敏；如心血不足，则舌质淡白无华；心血瘀阻，则舌体紫暗或有淤点；心经有热，则舌有苦味、舌质红绛、转动不利。

一、养心传统体育养生静桩

（1）合十手：俗称作揖。两手掌心相对相合，指掌贴在一起，向上直立，两臂呈水平“一”字，手与臂呈“十”字，故称合十手。腿部可为小马步桩，或外

一字桩，或内一字桩。（图 4–2–1~ 图 4–2–3）

（小马步桩）

图 4-2-1

（外一字桩）

图 4-2-2

（内一字桩）

图 4-2-3

（2）白鹤亮翅：左虚步；两臂要呈弧形，不可挺直，右掌虽在右额前上方，但不可抬肘、耸肩，要松肩沉肘、坐腕；身体仍须保持中正，不可前俯、后仰，不可挺胸、凸臀；舒展眉目，面带笑容，意想清新高雅，超凡脱俗。（图 4–2–4、图 4–2–5）

（正面）

图 4-2-4

（侧面）

图 4-2-5

（3）培根桩：两脚分开与肩同宽，微微下蹲；右手立掌置于胸前，掌尖约与鼻高，左手四指撮拢，指尖向上，置于后腰部；舒展眉目，面带笑容。左右动作相同，方向相反。（图 4-2-6、图 4-2-7）

（正面）
图 4-2-6

（侧面）
图 4-2-7

图 4-2-8

（4）金刚捣碓站桩：两脚分开与肩同宽，微微下蹲；右手握拳，立于左掌，与肚脐相平。（图 4-2-8）

（5）抱球站桩：两脚分开与肩同宽，微微下蹲；双手掌心向内，呈抱球状，沉肩坠肘；头正颈直。（图 4-2-9、图 4-2-10）

（正面）
图 4-2-9

（侧面）
图 4-2-10

（6）斜行站桩：左腿成弓步，与右脚成 45°，右腿外撑，上身正直；两臂

撑圆，左手立掌向前，右手成勾手。周身放松，气归丹田，此桩可宣肺降逆，宽胸化痰。（图 4–2–11）

（7）护心捶：左右腿两倍肩宽开立，重心在右腿；右手握拳抬高与眼齐高，左拳于身体前方。左右动作相同，方向相反。（图 4–2–12）

图 4–2–11

图 4–2–12

二、养心传统体育养生动桩

（1）手挥琵琶：两手立掌外撑，然后两手臂胸前交叉，左手臂在前；重心移于右腿，左脚提起向前迈半步，以脚跟着地，脚尖微翘，膝微弓，成左虚步；双掌相对左手在前，右手在后，双臂微屈，随左脚方向伸出，成手挥琵琶式，十指自然伸直。左右动作相同，方向相反。（图 4–2–13、图 4–2–14）

（2）云手：右手顺时针画圈，左手逆时针画圈，上升时掌心向内，下落时掌心向外，重心在下落掌侧支撑腿，左右两边动作相同。此式可以活化五脏六腑、调阴阳、补气血。（图 4–2–15~ 图 4–2–18）

图 4–2–13

图 4–2–14

图 4-2-15

图 4-2-16

图 4-2-17

图 4-2-18

（3）三换掌：两掌交替伸出收回，腰胯微右转时左掌伸出，腰胯微左转时右掌伸出，伸出时掌心向下，收回时掌心向上。（图 4-2-19、图 4-2-20）

（4）揽雀尾：两手左下右上，两手心相对抱球；同时身体重心落在右腿上，左脚收到右脚内侧，脚尖点地。左手掤出，右手下按于体侧；

（正面）

图 4-2-19

（侧面）

图 4-2-20

同时上体微向左转，左脚向左前方迈出，右腿自然蹬直，左腿屈膝，成左弓步。右手翻掌向上，经腹前向上、向前伸至左前臂下方，两手经腹前向右后上方划弧，右臂屈肘折回，右手附于左手腕里侧，上体向左转，双手同时向前慢慢挤出。两手左右分开，与肩同宽；然后右腿屈膝，上体慢慢后坐，身体重心移至右腿，左脚尖翘起；同时两手臂屈肘收至腹前，手心均向前下方；目视前下方。身体重心慢慢前移，同时两手向前、向上按出，掌心向前；左腿前弓成左弓步。左右动作相同，方向相反。（图 4-2-21~ 图 4-2-28）

图 4-2-21

图 4-2-22

图 4-2-23

图 4-2-24

图 4-2-25

图 4-2-26

图 4-2-27

图 4-2-28

（5）推山式：两脚开立；两手十指张开放于肩膀前，向身体两侧推出，同时头顶向上牵引，此过程呼气，然后两手收回于身体两侧，夹肩，此过程吸气。（图 4-2-29、图 4-2-30）

图 4-2-29

图 4-2-30

（6）乾坤翻转：两脚开立，左脚向左前方迈出，前脚掌着地；同时右手合于左手腕处，向左前上方伸出，左掌心向上，随后左掌逆时针返掌，两掌向前推出。左右动作相同，方向相反。（图 4-2-31~ 图 4-2-34）

图 4-2-31

图 4-2-32

图 4-2-33

图 4-2-34

（7）易筋经倒拽九牛尾势：双膝微屈，身体重心右移，左脚向左侧后方撤步约 45° ，右腿屈膝成右弓步；同时，左手内旋，向前、向下划弧后伸，右手向上方划弧，伸至与肩平时，左右手小指到拇指依次相握成拳，两拳心向上，右手稍高于肩。其间，上臂与前臂应有夹角，其目的是在肌肉收缩前就给肌肉一定的拉伸（负荷），即可以增加肌肉的收缩力量。这样，两上肢一前（外旋）一后（内旋），作螺旋劲，上身正直，塌腰收臀，浑身体现劲力，犹如倒拽牛尾之势。（图 4-2-35~ 图 4-2-37）

图 4-2-35

图 4-2-36

图 4-2-37

（8）六字诀呵字诀：两腿松膝；双掌小鱼际侧相靠，掌心向上捧于腹前；目视双掌。随吸气，两膝缓缓伸直；双掌捧到胸前向内侧翻转至掌指向下，掌背相靠。双掌慢慢下插，口吐“呵”字音。微屈膝下蹲；双掌按至与肚脐同高，同时双掌内旋外翻，变成掌心向外的圆形，然后外旋内翻，成掌心向上的腹前捧掌动作，继续上捧。口吐“呵”字可以有效地排除心中的污浊之气，达到调理心脏功能之效。同时，通过双掌上托、下叉动作，肾水上升、心火下降，有利于达到心肾交流、水火相生的状态。（图 4-2-38~ 图 4-2-40）

图 4-2-38

图 4-2-39

图 4-2-40

（9）八段锦摇头摆尾去心火：右脚侧开半步成高马步；双掌扶于膝关节上方，肘微屈。重心稍上起左倾，然后微俯身向右旋，依次目视左脚到右脚；头部继续旋至向后摇摆，髋关节逆时针完成摆尾动作。最后上体变为中正状态，百汇上领。左右动作相同，方向相反。摇头摆尾动作通过头部摆动，大椎穴得到刺激，对祛除心火十分有帮助；通过摆动尾间，调动肾水，从而达到心肾相交的状态。（图 4-2-41~ 图 4-2-44）

图 4-2-41

图 4-2-42

图 4-2-43

图 4-2-44

（10）大舞抻腰势：右脚内扣，左脚外展，身体左转；提膝合掌，掌根与胸同高。左脚尖上翘向左前方蹬出成弓步；目视前上方；两掌向前上方推出，躯干前倾，下颚回收，上臂贴耳；目视前下方，配合吸气，动作稍停。右脚提踵，左膝微伸；手臂持续向上伸展；重心后移，左脚翘起，翘臀塌腰，挺胸抬头；两掌收回于胸前，配合呼气。左右动作相同，方向相反。（图 4-2-45、图 4-2-46）

图 4-2-45

图 4-2-46

（11）十二段锦冥心握固：双腿盘坐；两手握固置于两膝内侧，两眼垂帘，端正身型，肩胛骨渐渐松开、拉伸，带动两肩微沉，同时松腹松腰，脊柱节节松开，胸部虚含松空，心胸顿然开阔，胸怀坦荡。冥心握固可起到静心、养性、消除烦劳，平抑上逆的肝气，调理心肺，中和全身气血，使人心情舒畅等养生功效。（图4-2-47）

图 4-2-47

第三节　传统体育养生调养肺

从中医的角度分析，肺主气，司呼吸，气是人体赖以维持生命活动最基本和最重要的物质。肺主气主要包括两个方面：一是主管呼吸之气；二是主管一身之气，而一身之气是通过肺主呼吸之气实现的。肺主呼吸之气，一般指肺有节律地一呼一吸，从自然界吸入清气，而把体内的浊气呼出去，实现体内外气体的交换。通过不断吸清呼浊、吐故纳新，促进机体一身之气新陈代谢。因此，肺的呼吸运动在人的生命活动中占有非常重要的地位。人体之气的生成、气血运行、津液输布，都跟肺主气有密切关系。如果肺主气的功能发生障碍，肺的呼吸功能出现了异常，就会出现很多病理变化，如肺气亏虚或气机失调，就会出现咳嗽、咳痰、喘息、气短等症状，同时还会伴有反复感冒、倦怠、乏力等症状。

肺主皮毛。皮毛是人体最浅的一层组织，与肺的关系极为密切。这是因为皮毛由肺输布的卫气与津液所温养，而卫气又管汗孔的开合，以调节呼吸。如外邪侵袭，常由皮毛而犯肺，从而出现恶寒、发热、鼻塞、咳嗽，甚至气喘等症侯。若肺气虚衰则会表现为皮毛干枯不泽，故也有皮毛为肺之外华的说法。

开窍于鼻：肺气通于鼻，鼻为呼吸的通道，肺气通利，则鼻知香臭。如外邪侵肺，则可能出现鼻塞流涕。肺热较甚，可出现鼻翼翕动等症。所以说，鼻为肺之窍。

一、养肺传统体育养生静桩

（1）排山式：两腿成马桩或腿直立；两臂左右平举成一字，坐腕、立掌，指尖向上，掌心外腆，指尖指背往回拉。若五指分开，称五丁开山式；若掌心向下，

手指卷如钩，手腕上提，称二郎担山式。（图 4-3-1~ 图 4-3-3）

（排山式）

图 4-3-1

（五丁开山式）

图 4-3-2

（二郎担山式）

图 4-3-3

（2）上步七星：下肢成右虚步，重心在左足，右足在左足前约半步距离，右足尖点地；两掌在胸前交叉，手腕相接，掌心向外，两掌心与肩同高，两肘坠下，略低于肩；头顶上领。（图 4-3-4、图 4-3-5）

（正面）

图 4-3-4

（侧面）

图 4-3-5

图 4-3-6

（3）懒扎衣：两腿左右分开，右腿成弓步，左膝外撑，裆部撑圆，上身正直；右手立掌向前，掌尖与鼻尖齐高，左手叉腰，沉肩坠肘。（图 4-3-6）

二、养肺传统体育养生动桩

（1）云手：右手顺时针画圈，左手逆时针画圈，上升时掌心向内，下落时掌心向外；重心在下落掌侧支撑腿，同时另一条腿向支撑腿并步。左右两边重复动作。（图 4–3–7、图 4–3–8）

图 4–3–7

图 4–3–8

（2）升降桩：十趾抓地，微提踵，身体稍前倾。两手臂在体侧外旋，掌心向上，缓缓抬起，与肚脐同高；两手臂内旋，掌心向下，稍翘掌，缓慢落于身体两侧。两臂上抬时吸气，下落时呼气，可鼻吸鼻呼，也可鼻吸口呼，与动作同步。呼气时意念放于手劳宫穴与足涌泉穴，体察手足心的气感。（图 4–3–9、图 4–3–10）

图 4–3–9

图 4–3–10

两脚开立，与肩同宽；两手掌心向上，指尖相对，上提至上焦，翻掌向下。上提时吸气，下按时呼气。（图 4–3–11~ 图 4–3–13）

图 4-3-11

图 4-3-12

图 4-3-13

（3）倒卷肱：右手向前推出，掌心向前，左手向下撤至左胯前；成右弓步，上体左转；左掌向下、向左后方划弧平举，掌心向上，同时右臂外旋，掌心转向上；眼随体转先向左看，再转看右手；右脚提起后退一步。左右动作相同，方向相反。动作关键在于两手臂交替内合，两腿配合手臂后撤，收、合、退都属阴，向后退时配合呼气，可口呼气，也可发“呵”音，意念观照动作，恐而不惊、不惧。（图 4-3-14~ 图 4-3-16）

图 4-3-14

图 4-3-15

图 4-3-16

（4）野马分鬃：两手左下右上，两手心相对抱球；同时身体重心落在右腿上，左脚收到右脚内侧，脚尖点地。左手掤出，右手下按于体侧；同时上体微向左转，左脚向左前方迈出，右腿自然蹬直，左腿屈膝，成左弓步。右脚跟步，虚点地，成右抱球式，向右做动作。想象两手捋动野马的马鬃，有悲天悯人之感。（图 4–3–17~ 图 4–3–19）

图 4–3–17

图 4–3–18

图 4–3–19

（5）三焦开合：手心相对，十指自然撑开，肩胛回收，带动手臂开合，开吸合呼，在膈上胸中上焦处指尖向上，在膈下脐上腹部中焦处指尖向前，在脐下腹部下焦处指尖向下。（图 4–3–20~ 图 4–3–25）

图 4–3–20

图 4–3–21

图 4–3–22

图 4-3-23

图 4-3-24

图 4-3-25

（6）运转乾坤：两手臂外旋，同时向身体左方升起划圆，待两臂滑过身体正前上方后，两手臂内旋，从身体右侧下落；眼随手动。重复以上动作三遍，然后相反动作做三遍，要求动作舒展缓慢。两臂上升时吸气，两臂下落时呼气，鼻吸口呼，气息绵绵。体察身体，感受动作对身体的牵拉，体会身体舒展的感觉。（图 4-3-26~ 图 4-3-28）

图 4-3-26

图 4-3-27

图 4-3-28

（7）易筋经出爪亮翅势：两脚平行站立，与肩同宽；两手臂落肘沉肩，两掌相对竖立于胸前两侧，下颚微收，缓缓开胸挟背蓄劲；放松肩背，两掌前推，缓缓加劲，撑开五指；怒目前视，直至两臂伸直。（图 4–3–29、图 4–3–30）

图 4–3–29

图 4–3–30

（8）六字诀的嘶字诀：口型为两唇微后收，上下齿相合而不接触，舌尖插上下齿缝；呼气念“嘶”字，两手从小腹前抬起，逐渐转掌心向前，至两乳平；两臂外旋，翻转手心向外成立掌，指尖对喉，然后左右展臂宽胸推掌如鸟张翼。呼气尽，随吸气之势两臂下落垂于体侧。（图 4–3–31、图 4–3–32）

图 4–3–31

图 4–3–32

（9）八段锦左右开弓似射雕：两腿开步站立；同时，两掌向上交叉于胸前，左掌在外，两掌心向内；目视前方，上动不停。两腿徐缓屈膝半蹲成马步。同时，右掌屈指成“爪”，向右拉至肩前；左掌成八字掌，左臂内旋，向左侧推出，与肩同高，坐腕，掌心向左，犹如拉弓射箭之势。左右动作相同，方向相反。（图 4–3–33、图 4–3~34）。

图 4–3–33

图 4–3–34

（10）马王堆导引术挽弓势：两掌胸前平举，掌心斜相对收于胸前，掌心与胸口同高；目视前下方。展肩扩胸，带动两掌向身体两侧分开，松肩含胸，两掌逐渐相合；左脚跟外旋，身体右转；右臂前伸，左臂屈肘后拉，头略后仰，髋关节向左顶，左肩关节下沉；目视右上方。左右动作相同，方向相反。（图 4–3–35~图 4–3–38）

图 4–3–35

图 4–3–36

图 4-3-37

图 4-3-38

第四节　传统体育养生调养脾

脾为后天之本，中医上讲脾的功能主要有脾统血，主大腹，主水谷精微；脾主运化，主升清；脾主四肢，主肌肉，脾与胃相表里。所有消化功能相关的疾病都跟脾的功能有关系。西医上讲脾为机体最大的免疫器官，占全身淋巴组织总量的 20%。脾脏破裂将会出现大出血，或者是出现一些血液系统的疾病。长期的营养不良能够导致脾虚或者是气血两亏，所以脾还主管人体的吸收功能。

脾主统血：脾能统摄全身的血液。当脾统摄血液功能正常时，可使全身气血充盈；当脾不统血时，常有便血、皮下出血、鼻出血、月经量增多、崩漏等出血表现。

脾主运化：中医的脾与西医中的脾脏不同。中医认为脾主运化，可将摄取的食物转化为人体所需营养物质，吸收、输送到身体各个脏器、组织，维持人体正常的生命活动。

脾气主升：即脾气有向上升散的特点，水谷精微等营养物质被吸收后，输送到心、肺，再通过心肺化生气血营养全身。脾主升提，可使身体各个脏器位于正常位置，不下陷，降低脱肛、子宫脱垂等疾病发病率。

脾主肌肉、四肢：人体肌肉、四肢所需的营养，靠脾化水谷精微以供给。若脾健康，则肌肉紧绷、有弹性；若脾虚，肌肉便会松弛。

开窍于口、其华在唇：指食欲、口味等与脾的运化功能有关。

若是脾健康，人在运动时不易流汗、不易气喘。浑身有劲、每天都有很大的精神，不容易疲劳。

一、养脾传统体育养生静桩

（1）金鸡独立：目光平视，上身中正；肩松胸舒，挑掌、按掌与提膝协调一致；独立支撑腿微屈，身体平稳。意想自己是挺拔威武的雄鸡，屹立不倒。（图 4–4–1、图 4–4–2）

（2）经脉桩：右脚踩实，重心在全脚掌偏内侧，左腿微屈，脚面绷紧，抬至与肚脐同高，45° 开胯；左手上举至眉心前方，自然竖掌，右手在下丹田前方。左右动作相同，方向相反。（图 4–4–3、图 4–4–4）

（正面）

图 4–4–1

（侧面）

图 4–4–2

图 4–4–3

图 4–4–4

（3）白猿献果：左腿屈膝独立；右膝上提，脚尖向下，约与左膝齐高。

左手成拳，置于左腰际，拳心向上；右拳心向上，伸向前方，高与肩齐，右肘下坠，与右膝相合。左右动作相同，方向相反。（图 4–4–5、图 4–4–6）

（4）独立打虎：左腿独立支撑，右腿屈曲抬起，脚尖绷直；左手握拳，向上圆撑，拳心向上，右手与肩平，拳心向里。左右动作相同，方向相反。（图 4–4–7、图 4–4–8）

图 4–4–5

图 4–4–6

图 4–4–7

图 4–4–8

（5）膝跪后倾：两脚并拢，膝关节屈曲下跪，身体后倾，使身体和大腿在一个平面内；两手掐腰。（图 4–4–9）

图 4–4–9

二、养脾传统体育养生动桩

（1）太极养生步：两腿微屈，左腿向左前方迈出，重心前移，成左弓步，然后重心后移，右腿屈曲，左脚尖翘起外摆，脚尖和膝关节在一个方向上，随后重心前移，左脚虚点地；两手掐腰。左右动作相同，方向相反。（图 4-4-10~ 图 4-4-15）

图 4-4-10

图 4-4-11

图 4-4-12

图 4-4-13

图 4-4-14

图 4-4-15

（2）搂膝拗步：两手臂向右、向后划弧，至身体右后方，两手成勾手；左脚虚点地；目视右手。左脚向左前方迈出，脚跟着地，重心前移，左脚踏实，屈膝下蹲，成左弓步；右手变掌，向前经耳后推出，左手变掌由膝前搂过，按于左胯旁；目视前方。左右动作相同，方向相反。（图 4-4-16~ 图 4-4-18）

图 4-4-16

图 4-4-17

图 4-4-18

（3）云法：随吸气左腿屈膝，尽量上抬大腿，足尖向下，暗示清气从足拇趾内侧沿腿内侧的脾经上升至腹部；同时左手屈肘，掌心向上，五指并拢，自然弯曲，以肘为轴，从小腹右侧向上，向左划弧运动，至与视线平行，吸气尽，掌心转向面部。随呼气诀念“呼”字，暗示浊气尽出，清气沿大腿内侧的脾经下降。左右动作相同，方向相反。（图 4-4-19~ 图 4-4-21）

图 4-4-19

图 4-4-20

图 4-4-21

（4）金鸡独立动桩：两手交叉于体前，然后做金鸡独立。（图 4–4–22、图 4–4–23）

图 4–4–22

图 4–4–23

（5）易筋经九鬼拔马刀：两脚开立，躯干右转。同时，右手外旋，掌心向上；左手内旋，掌心向下。随后右手由胸前内收经右腋下后伸，掌心向外；左手由胸前伸至前上方，掌心向外，躯干稍左移。右手经体侧向前上摆至头前上方后屈肘，由后向左绕头半周，掌心掩耳；左手经体左侧下摆至左后，屈肘，手背贴于脊柱，掌心向后，指尖向上。头右转，右手中指按压耳郭，手掌扶按玉枕；目随右手动，定势后视后方。身体右转，展臂扩胸；目视右上方，动作稍停。屈膝，同时上体左转，右臂内收；含胸，左手沿脊柱尽量上推；目视右脚跟，动作稍停，重复两至三遍。左右动作相同，方向相反。（图 4–4–24~ 图 4–4–26）

图 4–4–24

图 4–4–25

图 4–4–26

（6）六字诀呼字诀：双脚分开与肩同宽；手向前撑成圆形，口发“呼”音，起身恢复站姿。注意呼气时要鼓肚子。（图 4–4–27）

（7）八段锦调理脾胃须单举：右掌经面前上托，至头上方，肘关节微屈，力达掌跟，掌心向上，掌指向左。左掌下按于体侧，掌心向下，掌指向前；目视前方。左右动作相同，方向相反。（图 4-4-28）

图 4-4-27

图 4-4-28

（8）十二段锦前抚脘腹：背摩精门使两掌发热，内气充畅鼓荡，有助于前抚脘腹动作功效的提高。力在掌根顺腹前向下摩运，同时缓慢呼气松腹落肛，由于肚腹外鼓，用掌根向下摩运感觉很自然；力在小指一侧贴腹向两侧摩运，同时吸气收腹提肛。（图 4-4-29）

图 4-4-29

（9）五禽戏熊运：两掌握空拳成“熊掌”，拳眼相对，垂手下腹部；以腰、腹为轴，上体做顺时针摇晃；同时，两拳随之沿右肋部、上腹部、左肋部、下腹部划圆；目随上体摇晃环视。左右动作相同，方向相反。（图 4-4-30、图 4-4-31）

图 4-4-30

图 4-4-31

第五节　传统体育养生调养肾

肾为先天之本。从生理特性上看，肾主蛰藏。从生理功能上看，肾主藏精、主水、主纳气。

肾主蛰藏：肾为封藏之本。人体藏精纳气、固摄冲任及固摄二便都是其封藏作用的体现。肾气封藏则精气充盈，人体生机旺盛有活力；若封藏失职，则会出现遗尿、尿失禁、多汗，女子带下、崩漏等。

肾主藏精：肾藏精是肾的基本功能。其体现在：肾精、肾气具有促进人体生长发育的作用，如小儿牙齿生长，女子月经初潮，男子遗精等；肾精化生肾气，肾气又化分肾阴、肾阳，二者合称“五脏阴阳之本”，相互对立，相互为用，平衡协调使肾气平和；肾精生髓，精髓又化生人体血液，保持机体正常运转；肾精可保卫机体，抗御外邪侵袭入内。

肾主水：肾主导调节人体水液代谢。人体尿液的生成和排泄，有赖于肾阴阳平衡、固摄的作用。若肾阳虚衰，则可致水肿；肾阴不足，可见尿频；肾气虚衰，可见尿失禁。

肾主纳气：肾调摄从肺吸入的清气，从而维持正常的呼吸运动。若肾不纳气，则可见呼多吸少，动则气喘之象。

一、养肾传统体育养生静桩

（1）维跷桩：上身正直；两脚开立，左脚踏实，重心在左脚后跟，左小腿尽量与地面垂直，左膝微弯，膝不过脚尖，右脚尖虚点地；右手体侧抬起，与眼睛齐平，左手在下丹田前。左右动作相同，方向相反。（图 4-5-1）

图 4-5-1

（2）双峰贯耳：两腿前后开立，一腿成前弓步，身体前倾；两臂圆撑抬起，与身体在一平面，两手握拳，拳面相对。左右腿可交替在前。（图 4-5-2、图 4-5-3）

（正面）

图 4-5-2

（侧面）

图 4-5-3

图 4-5-4

（3）蹲坐：身体下蹲，两膝向外展开，膝关节与脚尖方向一致；两手合十，肘关节外撑膝关节内侧，或两手放于膝关节内侧，轻轻外撑。（图 4-5-4）

（4）飞仙式：两腿前后开立，一腿成前弓步，身体前倾；两手臂在身体两侧，与身体在同一平面内，手心向上，有向前上方飞升之感。（图 4-5-5、图 4-5-6）

图 4-5-5

图 4-5-6

二、养肾传统体育养生动桩

（1）斜行：两手臂向右、向后划弧，至身体右后方，两手成勾手；左脚虚点地；目视右手。左脚向左前方迈出，脚跟着地，重心前移，左脚踏实，屈膝下蹲，成左弓步。左手变掌由膝前搂过，抬至身体左侧，与肩平，成勾手；右手从右耳旁向前推出，直臂立掌于身体右侧与肩同高。左右动作相同，方向相反。（图 4–5–7~ 图 4–5–10）

图 4–5–7

图 4–5–8

图 4–5–9

图 4–5–10

（2）海底针：两手指尖相对，从体前抬起至胸部，立掌外撑；右腿抬起向前踏步，足跟落地，足尖上翘，臀部后坐；左手摸右脚尖，右臂屈肘后伸。左右两边交替进行。（图 4-5-11、图 4-5-12）

（3）左右蹬脚：目光平视，上身中正，肩松胸舒，以腰脊为轴转动身体，双掌搂抱交叉于胸前与收脚提膝协调一致，分掌、推掌与蹬脚协调一致，独立支撑腿微曲，身体平稳。双掌搂抱交叉于胸前收脚提膝时吸气，分掌、推掌与蹬脚时呼气，呼吸均匀缓慢。可意想身体摆脱了束缚，焕然一新。（图 4-5-13、图 4-5-14）

图 4-5-11

图 4-5-12

图 4-5-13

图 4-5-14

（4）倒卷肱：右手向前推出，掌心向前，左手向下撤至左胯前；成右弓步。上体左转；左掌向下、向左后方划弧平举，掌心向上，同时右臂外旋，掌心转向上。眼随转体先向左看，再转看右手；右脚提起后退一步。左右动作相同，方向相反。动作关键在于两手臂交替内合，两腿配合手臂后撤，收、合、退都属阴，向后退时配合呼气，可口呼气，也可发“呵”音，意念观照动作，恐而不惊、不惧。（图 4-5-15~ 图 4-5-17）

图 4-5-15

图 4-5-16

图 4-5-17

（5）蹲坐转身：蹲坐，臀部上抬，大腿平行地面；上肢前伸，手心向上，向前牵引，身体左右转动。（图 4-5-18~ 图 4-5-20）

图 4-5-18

图 4-5-19

图 4-5-20

（6）摸法：左脚向左前方迈一大步，成前弓后箭步；两臂自然下垂，肘微屈，掌心向下，指尖向前，置于小腹左前方平脐。随吸气，双手由左向右、向后收回，做划圆的抚摸动作，收至右下腹时吸气尽；同时左腿伸直，右膝屈曲，重心后移至右腿上，左足尖微微上翘，足跟着地，暗示清气从足心“涌泉”穴沿大腿内侧的肾经上升至腰部两肾。随呼气默念“吹”字，暗示浊气尽出，清气沿肾经降至“涌泉”穴；同时双手向左、向前摸出，意守掌心，手指微微上翘，以产生气感。呼气尽时，再开始做前动作，如此反复，左右交替进行。做摸法时，双掌与地面平行划圆，如磨豆腐一般，高不过脐，腰部随呼吸及双掌动作转圈，躯干要保持正直，这可加强对“肾俞”等穴的意守。（图 4–5–21~ 图 4–5–24）

图 4–5–21

图 4–5–22

图 4–5–23

图 4–5–24

（7）运太极：两手合抱于腹前，似有球在两掌之间，两手从各个角度揉球，两掌心始终相对。（图 4–5–25、图 4–5–26）

图 4–5–25

图 4–5–26

（8）俯身攀足：俯身，双手压在双脚面上，吸气时屈膝，两手压脚面，呼气时两膝伸直，如此反复。（图 4–5–27~ 图 4–5–30）

图 4-5-27

图 4-5-28

图 4-5-29

图 4-5-30

（9）尾闾扣翘：两手掐腰；两膝微屈，以髋关节为轴，尾闾做前后扣翘运动。（图 4-5-31、图 4-5-32）

图 4-5-31

图 4-5-32

（10）白鹤亮翅：两腿开立；左手臂水平向前伸，右手臂向上伸，翘掌，俯身，左手向两脚之间探掌，稍起身，再向左做脚面下压，随后两手臂以腰为轴向左划圈后直立，成右手向前，左手向上，重复向下俯身动作，左右动作重复进行。（图 4-5-33~ 图 4-5-38）

图 4-5-33

图 4-5-34

图 4-5-35

图 4-5-36

图 4-5-37

图 4-5-38

（11）摘星换斗势：两上肢同时运动，左手握空拳置于腰后命门穴，右手五指微分开，下垂于裆前。提右手，使肘略高于肩，手置于头之右前方。（图 4-5-39、图 4-5-40）

图 4-5-39

图 4-5-40

（12）易筋经三盘落地势：两脚略比肩宽站立；两臂向斜下方，手心朝上，随后两手翻掌下按，屈膝缓缓下蹲，同时口中发“嘿”音，两手翻掌上托，缓缓站直复原。重复动作，两到三遍。（图 4-5-41、图 4-5-42）

图 4-5-41

图 4-5-42

（13）五禽戏鹿抵：两腿微屈，身体重心移至右腿，左脚经右脚内侧向左前方迈步，脚跟着地；同时身体稍右转；两掌握空拳，向右侧摆起，拳心向下，高与肩平；目随手动，视右拳。身体重心前移，左腿屈膝，脚尖外展踏实，右腿伸直蹬实，同时身体左转。两掌成“鹿角”，向上、向左、向后划弧，掌心向外，指尖朝后，左臂弯曲外展平伸，肘抵靠左腰侧；右臂举至头前，向左后方伸抵，掌心向外，指尖朝后。目视右脚跟侧。随后，身体右转，左脚收回，开步站立；同时两手向上、向右、向下划弧，两掌握空拳下落于体前；目视前下方。（图 4–5–43、图 4–5–44）

图 4–5–43

图 4–5–44

（14）八段锦的两手攀足固肾腰；双手掌心向前直臂上举；两臂外旋屈肘下落于胸前，外旋至掌心向上，经腋下向下摩运，双掌沿脊柱至臀部至两足跟，经双脚外侧攀足后置于双脚上方；随吸气直臂上举，还原预备姿势。该动作的最大特点在于能将身体进行大范围的拉伸，这样可以有效刺激脊柱，以及督脉和腰部、膝关节各处穴位，达到巩固腰肾的效果。（图 4–5–45~ 图 4–5–48）

图 4–5–45

图 4–5–46

图 4–5–47

图 4–5–48

（15）大舞抻腰势：两掌向前上方推出，躯干前倾，下颌回收，上臂贴耳，手臂持续向上伸展；左脚提踵，右腿微伸；目视前下方，配合吸气；重心后移，右脚翘起，翘臀塌腰，抬头挺胸，两掌收回于胸前，配合呼气。左右动作相同，方向相反。（图 4–5–49、图 4–5–50）

图 4–5–49

图 4–5–50

思考题

1. 传统体育养生法对五脏调和的意义。
2. 联系传统体育养生实践，试述传统体育养生法对五脏调和的具体方法。

第五章
传统体育养生调和常见慢性病

慢性病是指慢性非传染性疾病，不是特指某种疾病，而是对一类起病隐匿、病程长且病情迁延不愈的疾病的概括性总称。常见慢性病有高血压、糖尿病、抑郁、失眠等。在现代人群中，常见慢性病发病率较高，其危害主要是容易损害内脏器官，甚至造成伤残，并影响身体运动能力。传统体育养生对慢性病具有较强的预防作用。长期进行传统体育运动，可以有效地避免或干预常见慢性病的发生及恶化，对提高人们的生活质量具有重要作用。

第一节 传统体育养生对高血压的调和

中医没有高血压这个病名，根据高血压的临床表现属于中医学的眩晕范畴，其病因指的是清窍失养，出现头晕、眼花为主要表现的一类病症。中医所讲的清窍主要是头面部，如眼、耳、口、鼻等。眩指的是头晕眼花，晕是指目眩晕。中医相关文献对高血压也早有记载，如《黄帝内经》中记载，诸风掉眩皆属于肝，髓海不足则脑转耳鸣等，认为本病的眩晕与肝肾有关。高血压的病理机制主要是由肝肾心脾功能失调引起的体内阴阳气血失衡所致，其中以肝肾两个脏器阴阳失衡尤为多见，其病因以为情所伤、饮食失调和内伤虚损等为主。根据高血压的病理特征，可以选择养心、养肝、养肾的传统体育练习内容。

（1）起势：两脚平行，与肩同宽，两膝微屈；腰脊竖直，坐髋溜臀，含胸收腹，松肩虚腋；两手合于腹前，沉肩坠肘；头正颈直，下颌微收，舌抵上腭，两目垂帘。气息绵绵，自然呼吸。精神内守，宁神调息，气沉丹田，静养片刻。（图 5-1-1、图 5-1-2）

图 5-1-1

图 5-1-2

（2）气贯手足：两脚开立与肩同宽，重心落于踵，以利放松身体与调整呼吸；两臂微屈，双掌在胯前，手劳宫穴与足涌泉穴上下相对，双掌连续缓慢、轻柔地上提下按。意念放于手劳宫穴与足涌泉穴，体察手足心的气感，自然呼吸。（图 5-1-3、图 5-1-4）

图 5-1-3

图 5-1-4

（3）疏导任冲：两臂自然下垂，由体侧平举于头上，直臂上托，掌心向上，两手下落，经头面，掌心向里，沿胸、腹部的正中线下落至脐，两手分开至体侧，意念沿大腿内侧下送至涌泉穴。由体侧举臂至头，意念两臂从水中擎出，水又顺臂而下，直臂上托时，意想天降细雨，双掌沿任、冲脉下落时，存念于细雨淋浴全身，并沿身继而流入脚下井之中。举臂至双掌上托时吸气，双掌沿任或冲脉下落时呼气。（图 5-1-5~ 图 5-1-8）

图 5-1-5

图 5-1-6

图 5-1-7

图 5-1-8

（4）通畅督带：两手体侧起至头顶，掌心向下，从头后方下落，绕肩，手扶背部下落，至命门，中指点按，两手继续下落于身体两侧，意想天降细雨，两手沿督脉下落时存念细雨通透脊髓，再流入地下井内。（图 5-1-9~ 图 5-1-14）

图 5-1-9

图 5-1-10

图 5-1-11

图 5-1-12

图 5-1-13

图 5-1-14

（5）运脊柱：两手叉腰，拇指向前，头后仰，以下颌向上、向前、向下、向内划弧，引动整个脊柱做前后涌动，涌动时，体会身在水中，由于躯干的涌动和

摆动，身躯的前后有水在冲撞、振荡。（图 5–1–15~ 图 5–1–18）

图 5–1–15

图 5–1–16

图 5–1–17

图 5–1–18

（6）气息归元：两手臂内旋，手心向后，从身体两侧抬起，向前合抱，与肚脐同高两手掌与丹田相对，从身体两侧划过，重复该动作数次。（图 5–1–19、图 5–1–20）

（7）收功：双掌交叠，轻抚于脐下三寸关元穴，安静养气，意守脐下三寸深处，即丹田，自然呼吸。（图 5–1–21）

图 5–1–19

图 5–1–20

图 5–1–21

第二节　传统体育养生对糖尿病的调和

糖尿病是一组因胰岛素绝对或相对分泌不足和胰岛素利用障碍引起的碳水化合物、蛋白质、脂肪代谢紊乱性疾病，以高血糖为主要标志。糖尿病在中医学中，早就有所论述，如在《黄帝内经》中记叙的“消渴”“消瘅”即属本病范畴。它认为病因分以下四个方面：第一个是饮食因素，在《素问·奇病论》中就曾说，此人必数食甘美而多肥也，肥者令人内热，甘者令人中满，故其气上溢，转为消渴。其意指长久的嗜食肥厚油腻，停滞于中焦阻碍脾胃的功能，酝酿成热气内积，令患者中焦拥塞，从而导致糖尿病的发生。第二个是情志因素，五志过极，如暴怒伤肝都能化火，导致郁火内，耗伤阴津也可以发生消渴。第三个是房事不节、房劳过度、肾精亏损、肾虚阴燥或是真元匮乏也可以导致消渴。第四个是体质因素，如素体肥胖、多痰多湿、蕴积脾胃、化热生火也会导致消渴。

（1）预备势：两足开立，宽与肩齐；百会上顶，舌抵上腭，含胸拔背；两手合于腹前；心静神宁，腹式呼吸，意守丹田，静立片刻。（图 5-2-1）

图 5-2-1

（2）疏肝理肺：两脚平行，与肩同宽，身体屈曲；两手从两脚内侧沿腿内侧上提，配合吸气，意想引肝气上行，提到膻中穴处，合十，随后两臂配合呼气，

悠悠向左右平伸，平伸时手心向外。（图 5-2-2~ 图 5-2-7）

图 5-2-2

图 5-2-3

图 5-2-4

图 5-2-5

图 5-2-6

图 5-2-7

（3）健脾养心：左腿屈曲抬起，大腿与地面平行，右腿为支撑腿，似直非直；左手中指伸直，其余四指握住，体侧上举，右手中指伸直，其余四指握住，下按于体侧，两手中指上下呼应。再反方向做，动作和要领同。（图 5-2-8）

（4）强肾固精：腰背弯曲，两手随吸气由腿后侧向前上提至膻中穴，手心向上；随着两臂内旋屈腕，手心向上，配合呼气，两手合十向上，两臂高举并撑圆：配合吸气，两手由前向下；腰背配合呼气自然弯曲，如此反复。（图 5-2-9~图 5-2-14）

图 5-2-8

图 5-2-9

图 5-2-10

图 5-2-11

图 5-2-12

图 5-2-13

图 5-2-14

（5）三焦开合：手心相对，十指自然撑开，肩胛回收，带动手臂开合，开吸合呼，在膈上胸中上焦处指尖向上；在膈下脐上腹部中焦处指尖向前，在脐下腹部下焦处指尖向下（图 5-2-15~ 图 5-2-18）。

（6）收势：两手重叠在肚脐上，安静养气，意守丹田。（图 5-2-19）

图 5-2-15

图 5-2-16

图 5-2-17

图 5-2-18

图 5-2-19

第三节　传统体育养生对抑郁的调和

中医学没有抑郁症的病名，中医将抑郁症归入郁病的范畴。抑郁症属于精神心理方面的疾患，主要和人体内神经递质分泌异常有关，患者表现为心情较抑郁，同时不愿说话、少气懒言、情绪不高，甚至有时可能产生极端想法。此外，较多抑郁症患者也可能表现为畏寒等一系列症状。

中医角度认为，抑郁症的发生与肝的关系密切，通常由肝气郁结、疏泄不及等导致。肝主疏泄，疏指疏通，泄指发泄，表现在疏泄气机与调畅情志等方面，肝对全身气机的条达具有较为重要的作用。如果肝气疏泄不及，则导致患者出现沉默寡言、无欢乐情绪、胁肋部胀满疼痛等症状，与抑郁症症状类似；如果肝气疏泄太过，则可能导致该患者有面红目赤、性情急躁、暴怒等肝阳上亢表现。肝主疏泄的功能还表现为调畅情志，即对情绪调节具有重要作用，抑郁症的发生通常与情绪方面相关。

（1）预备势：两脚平行，与肩同宽，两膝微屈，重心移至足跟；腰脊竖直，坐髋溜臀，含胸收腹，松肩虚腋；两手贴于体侧，沉肩坠肘；头正颈直，下颌微收，舌抵上颚，两目垂帘。气息绵绵，自然呼吸，匀细深长。精神内守，宁神调息，气沉丹田。（图 5–3–1、图 5–3–2）

（正面）

图 5–3–1

（侧面）

图 5–3–2

（2）清新：两膝微微弯曲、震动，带动全身沿上下方向震动，使全身放松，足跟频频受压；在震动的基础上，两手向外甩动，意想甩掉震掉身上污浊，身体变得清新通透。（图 5–3–3、图 5–3–4）

图 5-3-3

图 5-3-4

（3）通透：两臂由体侧平举于头上，直臂上托，掌心向上（图 5-3-5）；两手下落，经头面（图 5-3-6），掌心向里，沿胸、腹部的正中线下落至脐，两手分开至体侧（图 5-3-7），意念沿大腿内侧下送至涌泉穴，意想手掌从头到脚进行透视，身体变得通透。

图 5-3-5

图 5-3-6

图 5-3-7

（4）疏通重置：进行自我按摩，配合暗示疗法来疏通经络，促进肢体内外、表里的气血循环，使全身各个部位得到良好的保健。自我按摩时，保持头颈正直，下颌微收，上、下牙轻对，面带微笑。

①浴手：将手心和手背搓热。（图 5-3-8、图 5-3-9）

②浴脸：双手贴脸上，自下而上揉摩。（图 5-3-10、图 5-3-11）

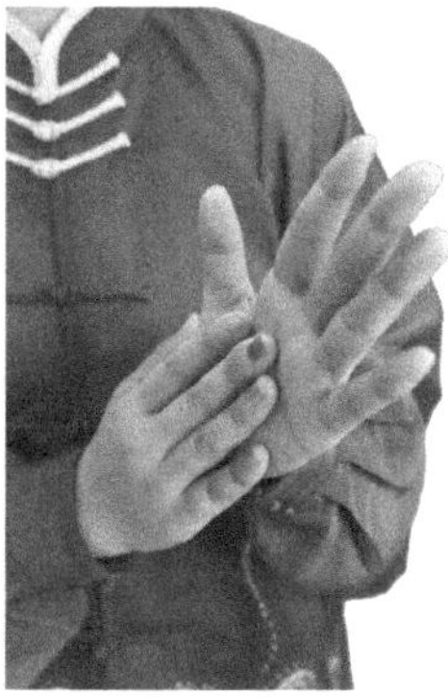

图 5-3-8

图 5-3-9

图 5-3-10

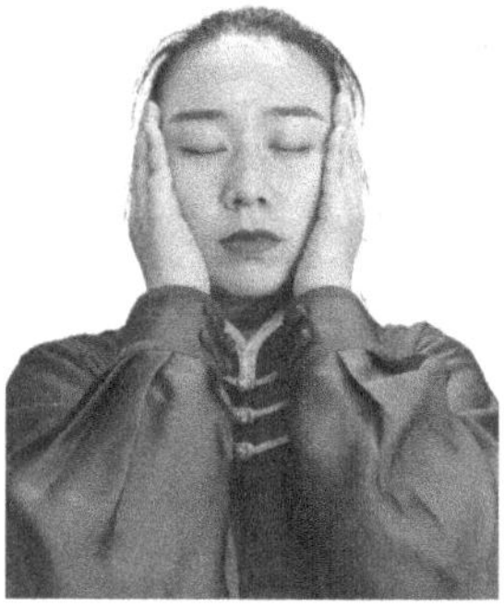

图 5-3-11

③浴鼻：用双手拇指背搓按鼻梁骨 18 次。（图 5-3-12）

④揉迎香穴：用右手拇指、食指尖揉摩迎香穴 18 次。（图 5-3-13）

图 5-3-12

图 5-3-13

⑤揉耳：两手拇指、食指揉捏双耳，做向上、外、下提拉。（图 5-3-14、图 5-3-15）

图 5-3-14

图 5-3-15

⑥揉眼：两手按在两眼上，做顺时针、逆时针转动。（图 5-3-16）

⑦叩齿：口微闭，上、下牙齿叩击 36 次。（图 5-3-17）

图 5-3-16

图 5-3-17

⑧梳头：双手指尖梳头皮，由前向后梳 7 次。（图 5-3-18、图 5-3-19）

⑨拍头：用空掌十指拍头，左右拍、前后拍，各 18 次。（图 5-3-20、图 5-3-21）

图 5-3-18

图 5-3-19

图 5-3-20

图 5-3-21

⑩按风池、大椎穴：风池、大椎穴易受风寒，左右两手交替压揉、拍打。（图 5-3-22、图 5-3-23）

图 5-3-22

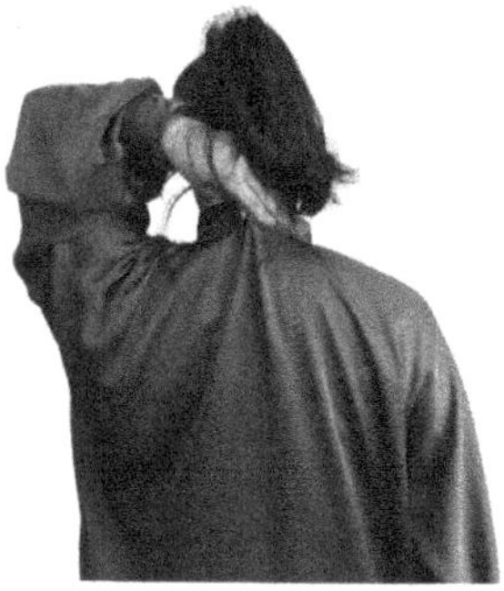

图 5-3-23

⑪叩打胸部：两肩放松下沉，肘关节、手指弯曲，手心向内，腕关节、指关节均放松，用十指有弹性地敲击胸肋上下、左右各部。（图 5-3-24、图 5-3-25）

图 5-3-24

图 5-3-25

⑫揉腹：两手放于腹

部，做顺时针、逆时针推揉。（图 5–3–26、图 5–3–27）

⑬搓腰：手搓热，双手贴于腰侧、腰后，由上而下往返搓腰，用力搓热为宜。（图 5–3–28、图 5–3–29）

⑭叩臀：两手握拳，拳心贴于臀部，反复叩击。（图 5–3–30）

图 5–3–26

图 5–3–27

图 5–3–28

图 5–3–29

图 5–3–30

⑮搓腿：两手虎口撑圈，掐腿两侧，由腿根部向足部推搓。（图 5–3–31~图 5–3–33）

图 5–3–31

图 5–3–32

图 5–3–33

⑯拍膝盖：两脚平行，与肩同宽，臀部后坐，小腿垂直于地面；两手拍击膝关节前、后、左、右侧。（图 5–3–34~ 图 5–3–37）

图 5–3–34

图 5–3–35

图 5–3–36

图 5–3–37

⑰颠脚：直立，脚跟点起，下落震脚。（图 5–3–38、图 5–3–39）

⑱收功：两手重叠在肚脐上，安静养气，意守丹田。（图 5–3–40）

图 5–3–38

图 5–3–39

图 5–3–40

第四节　传统体育养生对失眠的调和

中医认为，失眠是由于情志、饮食内伤，病后及年迈，禀赋不足，心虚胆怯等病因，引起心神失养或心神不安，从而导致经常不能获得正常睡眠的一类病症。中医学对失眠的论述颇多。中医认为，失眠即不寐，亦称不得眠、不得卧、目不瞑等，是外感或内伤等病因，致使心、肝、胆、脾、胃、肾等脏腑功能失调，心神不安，以致经常不得入寐的一种病症。从较常见的临床分析，不寐的成因有三：一为心肾不交，是心阳不能资助肾阳共同温煦肾阴；肾阴才虚，继而不能上济心阴，心阴既虚，不能濡养心阳，以致心肾不交；心阳偏亢或心火不足，不能下温肾阳，会造成心肾不交而致不寐。二为心脾两虚，脾取阳于心，心气虚不能温运脾阳，心脾不能共济、互调而致心脾两虚造成不寐。三为心胆虚怯，心营不足，不能濡养肝、胆，肝、胆失养，无力协调心的功能，而造成心胆虚怯之不寐。

（1）预备势（无极桩）：两脚平行，与肩同宽，两膝微屈；腰脊竖直，坐髋溜臀，含胸收腹，松肩虚腋；两手贴于体侧，沉肩坠肘；头正颈直，下颌微收，舌抵上颚，两目垂帘。气息绵绵，自然呼吸。精神内守，宁神调息，气沉丹田。（图 5-4-1、图 5-4-2）

（正面）

图 5-4-1

（侧面）

图 5-4-2

（2）气贯手足：十趾抓地，微提踵。两臂外旋，掌心向前，缓缓抬起，与肚脐同高；身体稍前倾，两臂内旋，掌心向下，稍翘掌，缓慢落于身体两侧。两臂上抬时吸气，下落时呼吸，可鼻吸鼻呼，也可鼻吸口呼，气息绵绵，与动作同步。意念放于手劳宫与足涌泉，体察手、足、心的气感。（图 5–4–3、图 5–4–4）

图 5–4–3

图 5–4–4

（3）沐浴春雨：身体重心左移，两臂外旋，从身体两侧缓缓抬起，两手升到头顶；身体重心右移，掌心向里，经头面前、胸腹前下行回归至身体两侧。上升时吸气，两臂下落时呼吸，鼻吸口呼。两臂上升时，意想两臂从水中擎出，水又顺臂而下；两臂下落时，意想细雨淋浴全身，手掌经过处，体察身体，放松静心，直至涌泉穴。（图 5–4–5~ 图 5–4–7）

图 5–4–5

图 5–4–6

图 5–4–7

（4）风摆杨柳：两臂外旋，同时向身体左侧升起划圆；左脚向左迈一小步，待两臂滑过身体正前上方后，右腿并步；两臂内旋，从身体右侧下落，眼随手动。重复以上动作三遍，然后相反动作做三遍，要求动作舒展缓慢。两臂上升时吸气，下落时呼吸，鼻吸口呼，气息绵绵。意想在森林中，微风吹拂着树叶，两臂在微风中划圆，在微风中摆动。两手上升时，意守劳宫穴；两手下落时，意守涌泉穴，体察身体牵拉、舒展的感觉。（图 5-4-8~ 图 5-4-11）

图 5-4-8

图 5-4-9

图 5-4-10

图 5-4-11

（5）搂膝拗步：两臂向右、向后划弧，至身体右后方，两手成勾手；目视右手；左脚虚点地，左脚向左前方迈出，脚跟着地，重心前移，左脚踏实，屈膝下蹲，成左弓步；右手变掌，向前推出，左手变掌由膝前搂过，按于左胯旁；目视前方。左右动作相同，方向相反。迈步时呼气，鼻吸口呼。关注身体肌肉的松紧变化，意注劳宫、涌泉穴。（图 5-4-12~ 图 5-4-14）

图 5-4-12

图 5-4-13

图 5-4-14

（6）倒卷肱：右手向前推出，掌心向前，左手向下撤至左胯前；成右弓步，上体左转；左掌向下、向左后方划弧平举，掌心向上，同时右臂外旋，掌心转向上；眼随转体先向左看，再看右手；右脚提起后退一步。左右动作相同，方向相反。动作关键在于两手臂交替内合，两腿配合手臂后撤，收、合、退都属阴，向后退时配合呼气，可口呼气，也可发“呵”音，意念观照动作。（图 5-4-15~图 5-4-17）

图 5-4-15

图 5-4-16

图 5-4-17

（7）运脊柱：两手叉腰，拇指向前；头后仰，以下颌向上、向前、向下、向内画弧，引动整个脊柱做前后涌动。涌动时体会身在水中，由于躯干的涌动，身躯的前后有水在冲撞、振荡。（图 5-4-18~ 图 5-4-21 ）

图 5-4-18

图 5-4-19

图 5-4-20

图 5-4-21

（8）金鸡独立：立身中正；右腿抬起，大腿与地面平行；右臂上举，手心向上，左手按于体侧，手心向下；双眼平视。含胸拔背，挑掌、按掌与提膝协调一致，独立支撑腿微屈，身体平稳。意想自己是挺拔威武的雄鸡，屹立不倒。左右动作相同，方向相反。（图 5-4-22、图 5-4-23）

图 5-4-22

图 5-4-23

（9）海底针：左臂上举，右手收至腰间，右腿抬起向前踏步，足跟落地，足尖上翘，臀部后坐，左手摸右脚尖。左右两边交替进行，左右动作相同，方向相反。（图 5-4-24、图 5-4-25）

图 5-4-24

图 5-4-25

（10）运太极：两手合抱于腹前，似有球在两掌之间，两手从各个角度揉球，两掌心始终相对。（图 5-4-26、图 5-4-27）

图 5-4-26

图 5-4-27

（11）气息归元：两臂内旋，手心向后，从身体两侧抬起，向前合抱，与肚脐同高，两手掌与丹田相对，从身体两侧划过，重复该动作数次。（图 5-4-28、图 5-4-29）

图 5-4-28

图 5-4-29

（12）收势：两手重叠在肚脐上，安静养气，意守丹田。（图 5-4-30）

图 5-4-30

思考题

1. 试述传统体育养生对常见慢性病的独特作用。
2. 联系传统体育养生实践，试述几种常见慢性病的传统体育养生疗法。

第六章

传统体育养生调理身体伤痛

身体伤痛是指身体的某个部位出现生理性或病理性疼痛，包括颈、肩、腰、膝、足等部位的伤痛。身体的某些部位灵活性变差，或肌肉力量变弱，或在日常的坐、卧、行、站中长期出现不良身体姿态等原因，都可能导致身体伤痛的产生。传统中医认为，身体伤痛产生的原因是多方面的，常见的颈、肩、腰、膝痛的产生，由其身体内在的诱因所致。例如，肝气衰弱则造成筋力衰弱，运动虽然是筋的功能，但筋的营养源于肝，所以久行则伤筋；脾虚则肌肉失养，如果脾脏有虚病，则会影响消化吸收功能，进而导致肌肉失养，人体就会逐渐消瘦；肾亏则髓少，肾亏精虚髓少者，往往腰酸背痛，骨弱无力，精神疲怠，头昏健忘；脏腑出现问题是引起颈、肩、腰、腿痛的原因之一。因此，养肝、养肾、健脾的传统体育养生动作有缓解颈肩腰腿痛的功效。

第一节　传统体育养生对颈部的调理

颈部是头与躯体上通下达的桥梁。头部的重要神经、血管和器官要通过颈部与躯干相连，所以颈部的组织结构既复杂又重要。传统体育养生动作可增强颈部肌肉、韧带、关节囊等组织的紧张力，加强其稳定性，改善颈椎的血液循环，矫正不良的身体姿势。颈椎病的主要症状是颈部疼痛，常由于颈椎长期的劳损、骨质增生、椎间盘脱出、韧带增厚，造成颈椎、脊髓和神经根或者椎动脉及颈部交感神经受压出现一系列症状的临床综合征。

人的颈椎主要由 7 节椎骨和 6 个椎间盘组成，受相邻的韧带、肌肉保护，有 8 对颈神经出入。现代社会中，长期低头劳作、久坐等生活方式会引起颈部肌肉挛缩、紧张，进而导致其功能下降，容易产生颈部的慢性劳损。大多数情况下，颈椎病的疼痛会随着运动而增加，其原因是运动时颈椎处的神经根更容易受到压迫。同时，手臂疼痛也是颈椎病的症状，它的发生是由于支配手臂的神经在脊椎颈部处受压。除了疼痛，颈椎病还可能引起手臂无力、麻木，产生压迫感，这些情况也是由神经压迫引起的，还会引起脊髓压迫和行走困难，平衡失调；罕见情况下，颈椎病引起的脊髓压迫还会导致大小便失禁。严重的颈椎病还可能造成吞咽障碍、视力障碍、颈性的高血压、心律失常、胸背部的疼痛、猝倒，因此不能对颈椎病掉以轻心。

颈部常见的不良体态是头前伸，练习特定的颈部传统体育养生功法，能够有效地纠正颈部不良体态，减少颈部伤痛的发生。

（1）鹤首龙头气冲天：正向鹤首，收下颌，头后仰；下颌上翘向前、向下、向内，沿胸向上拔颈椎，连续做三遍。反向鹤首，下颌内收，下颌沿胸向下、向前、向上，头后仰，百会上顶，收下颌，连续做三遍。（图 6–1–1、图 6–1–2）

图 6–1–1

图 6–1–2

（2）掌抱昆仑：两臂屈肘，十指交叉抱于脑后；上体左转，两掌抱头不动；上体右倾，抻拉左斜肋部，目视左斜方；上体竖直，目视左前上方；上体右转，接做右侧动作，左右相反。两掌分开贴两颊，下移，掌根贴下颚，抬头两掌上抬下颌；左右动作相同，方向相反。（图 6–1–3~ 图 6–1–5）

图 6-1-3

图 6-1-4

图 6-1-5

（3）九鬼拔马刀：两脚开立；右手经体侧向前上摆至头前上方后屈肘，由后向左绕头半周，掌心掩耳；左手经体左侧下摆至左后，屈肘，手背贴于脊柱，掌心向后，指尖向上。头右转，右手中指按压左耳郭，手掌扶按玉枕；目随右手动，定势后视后方。身体右转，展臂扩胸，目视右上方，动作稍停。屈膝，同时上体左转，含胸；右臂内收，左手沿脊柱尽量上推；目视右脚跟，动作稍停。左右动作相同，方向相反。（图 6-1-6~ 图 6-1-8）

图 6-1-6

图 6-1-7

图 6-1-8

（4）双手托天理三焦：两臂外旋微下落，两掌五指分开捧于腹前，掌心朝上，沉肩坠肘；双腿微屈；目视前下方。两掌上托至胸前，随之两臂内旋向上托起，手指相交，掌心向上；抬头，目视上方；身体重心缓缓下降，两腿膝关节微屈。十指慢慢分开，两臂分别向身体两侧下落，两掌捧于腹前，掌心向上；目视前方。

本式托举、下落为一遍。（图 6-1-9、图 6-1-10）

图 6-1-9

图 6-1-10

（5）昂首式：左脚向左开步，脚尖向前，两脚略宽于肩；两臂侧起至侧平举，肘微屈，掌心向上，指尖向外，配合吸气。屈膝下蹲约 45°，同时抬头翘尾，脊柱反弓，沉肩落肘，配合呼气。（图 6-1-11、图 6-1-12）

图 6-1-11

图 6-1-12

（6）左右开弓似射雕：两腿开步站立；同时，两掌向上交叉于胸前，左掌在外，两掌心向内；目视前方，上动不停。两腿徐缓屈膝半蹲成马步。同时，右掌屈指成“爪”，向右拉至肩前；左掌成八字掌，左臂内旋，向左侧推出，与肩同高，坐腕，掌心向左，犹如拉弓射箭之势。左右动作相同，方向相反。（图 6–1–13~ 图 6–1–14）

图 6–1–13

图 6–1–14

（7）抻腰式：两脚前后站立；两掌合掌，向前上方推出，躯干前倾，下颚回收，上臂贴耳；目视前下方，配合吸气，动作稍停。重心后移，臀部后坐，前脚尖翘起，翘臀塌腰，挺胸抬头；两掌收回胸前，配合呼气。左右动作相同，方向相反。（图 6–1–15、图 6–1–16）

图 6–1–15

图 6–1–16

第二节　传统体育养生对肩部的调理

肩部在身体的所有关节中具有最大的运动范围，活动度最大，但是大范围的运动也会导致肩关节出现各种问题。肩关节由三块骨头组成，分别是肱骨、锁骨和肩胛骨。这三块骨头又组成多个关节，如肩锁关节、盂肱关节和胸锁关节等。盂肱关节就是通常被称为肩关节的位置，盂肱关节本身很浅，不像髋关节的股骨头紧紧地卡在髋臼内，而且由于肩关节表面积很小，很容易出现不稳定或者损伤，所以肩关节要依靠周围发达复杂的肌肉和软组织加强稳定性，同时维持其功能。因此，肩关节的各种结构损伤很容易带来肩关节的疼痛和活动受限。

常见的肩部疾病有高低肩、翼状肩、圆肩、肩周炎等。简单来说，肩膀疼痛大致有两方面的原因。第一，肩膀本身的问题，如肩周炎（狭义肩周炎指冻结肩）、肩袖损伤、肱二头肌长头肌腱炎、喙突炎，以及肩部肌肉痉挛和肩膀自由活动。在日常的生活中，长期的伏案工作、频繁地举重物，都会使肩膀长期保持紧张的状态，得不到休息和恢复，导致疼痛。第二，其他部位引发，以颈椎病引发的肩部疾病为例，颈椎里有颈神经，当颈椎出现问题，如颈椎间盘突出，那么颈神经就可能受到压迫，而感觉又是通过神经传导的，肩膀则出现疼痛。

传统体育养生运动强度适中，均为轻柔缓慢的伸展运动，通过动作导引，可以疏通肩部软组织的气血，减轻软组织挛缩的症状；增强肌肉、肌腱等组织的力量；关节粘连者，在反复运动下可松解粘连。此外，特定的传统体育养生动作还可以纠正肩关节常见的内扣、耸肩等不良体态，形成肩关节正确的运动模式。

（1）推山功：两脚开立；两手十指张开放于肩膀前，向身体两侧推出，同时头顶向上牵引。此过程呼气，手臂可收回推出，反复多次。（图 6–2–1、图 6–2–2）

图 6-2-1

图 6-2-2

（2）倒拽九牛尾：双膝微屈，身体重心右移，左脚向左侧后方撤步约 45°，右腿屈膝成右弓步；同时左手内旋，向前、向下划弧后伸，右手从右腰眼离开，向上方划弧，伸至与肩平，两手小指到拇指依次相握成拳，两拳心向上，右拳稍高于肩，上臂与前臂应有夹角（其目的是在肌肉收缩前给肌肉一定的拉伸，即增加肌肉的收缩力量）。两上肢一前（外旋）一后（内旋）呈螺旋劲，上身正直，塌腰收臀，浑身体现出劲力犹如倒拽牛尾之势。（图 6-2-3~ 图 6-2-5）

图 6-2-3

图 6-2-4

图 6-2-5

（3）出爪亮翅：两脚平行站立，与肩同宽；两手臂落肩沉肘，两掌相对竖立于胸前两侧，下颚微收，缓缓开胸挟背蓄劲，放松肩背，两掌前推，缓缓加劲，撑开五指；怒目前视，直至两臂伸直；缓缓由内而外放松，两掌放平，缓缓收回。（图 6-2-6、图 6-2-7）

图 6-2-6

图 6-2-7

（4）推法：两脚平行，与肩同宽，两膝微屈；两臂下垂，屈腕，掌心向上，指尖相对，靠近小腹。以鼻缓缓吸气，意念暗示清气从两足大趾沿大腿内侧的肝经上升至两胁；与此同时，两手如托物状，缓缓上移，至胸前与肩平行时吸气尽。随呼气默念“嘘”字，暗示浊气尽出，清气由两胁沿肝经降至足大趾；同时反掌，掌心向前，指尖向上，随呼气双手缓缓向左前方推出；左脚随之向左前方迈出一步，成弓步，重心在前屈的左腿上，右腿伸直。至呼气尽时反掌，掌心向上，指尖相对，向下收回至小腹前；同时伸左腿屈右膝，重心后移至右腿上，如此反复若干次，收回左腿。再换右脚向右前方迈出一步，并重复若干次。（图 6-2-8~ 图 6-2-12）

图 6-2-8

图 6-2-9

图 6-2-10

图 6-2-11

图 6-2-12

（5）五劳七伤往后瞧：两腿徐缓挺膝伸直；两肩下沉，两臂伸直，掌心朝下，指尖朝前；目视前方。两臂外旋，上摆至体侧约 45° ，掌朝斜后上方；同时头向右后方转动，展肩扩胸；动作略停，保持抻拉；目视右斜后。左右动作相同，方向相反。（图 6-2-13、图 6-2-14）

图 6-2-13

图 6-2-14

（6）云手：右手顺时针划圈，左手逆时针划圈，上升时掌心向内，下落时掌心向外；重心在下落掌侧支撑腿，左右两边重复动作。此动作可活化五脏六腑、调阴阳、补气血。也可将云手动作幅度做大，尽量向上下延展，同时以脊柱为轴，从左右方向向后划圈。（图 6–2–15、图 6–2–16）

（7）举鼎桩：腿成马步桩；两臂在头顶上方圈如环状，掌心向上。意念观照动作，或意想身体充满力量。（图 6–2–17）

（正面）

图 6–2–15

（侧面）

图 6–2–16

图 6–2–17

第三节　传统体育养生对腰部的调理

腰是人体承上启下的运动中枢，腰椎不好，不仅会导致简单的腰痛，上肢和下肢的工作能力都会受到影响，甚至连行走都会非常困难。腰痛是常见病，会影响人们的生活质量。腰部的运动损伤主要分为即发性的急性损伤和长期性的慢性损伤，如急性腰扭伤、腰椎骨折、腰肌劳损和腰椎间盘突出。其中，腰肌劳损是最常见的慢性运动损伤，体力劳动、体育锻炼、过累或受凉都是腰肌劳损的发病原因。生活中常见的腰肌劳损常常是由于急性腰扭伤未好好治疗演变而成的。传统体育养生对腰部进行调理的目的是加强腰部肌肉力量，稳固脊柱关节，保持脊柱正常的生理弧度，改善脊柱各关节和肌肉的生理活动机能，从而预防和改善腰痛。

一、腰椎前凸的传统体育疗法

腰椎弯曲弧度过大，棘突间的距离也会更近，会使神经穿过的椎孔变窄，长此以往会对腰区的神经根产生压力，从而引发疼痛。常见于久站、孕妇等人群。在中国传统功法中，有很多招式可以缓解脊柱前凸。

（1）蹲坐：身体下蹲，两膝向外展开，膝关节与脚尖方向一致；两手合十，肘关节外撑膝关节内侧，或两手放于膝关节内侧，轻轻外撑。（图 6-3-1）

（2）蹲坐转身：蹲坐，身体左右转动，臀部上抬，大腿平行于地面；上肢前伸，手心向上，向前牵引。（图 6-3-2~ 图 6-3-4）

图 6-3-1

图 6-3-2

图 6-3-3

图 6-3-4

（3）手挥琵琶：重心移于右腿，左脚提起向前迈半步，以脚跟着地，脚尖微翘，膝微弓，成左虚步；两手立掌外撑，两臂胸前交叉，右臂在前，双臂微屈，随后双手随左脚方向伸出，成手挥琵琶式，双掌相对，左手在前，右手在后，十指自然伸直。左右动作相同，方向相反。（图 6–3–5、图 6–3–6）

图 6–3–5

图 6–3–6

（4）海底针：重心左移，右腿抬起向前踏步，足跟落地，足尖上翘，臀部后坐；左手摸右脚尖，右臂屈肘后伸。左右动作相同，方向相反。（图 6–3–7、图 6–3–8）

（5）三盘落地势：两脚略比肩宽站立，两臂向斜下方，手心朝上，随后两手翻掌下按，屈膝缓缓下蹲，同时口中发“嘿”音，两手翻掌上托，缓缓站直复原。重复动作，两到三遍。（图 6–3–9、图 6–3–10）

图 6–3–7

图 6–3–8

图 6-3-9

图 6-3-10

这些传统功法的招式练习，不仅能够纠正身体姿势问题，还可以使人体的督脉和足太阳膀胱经得到拉伸牵扯，让经络通畅。

二、腰椎前凸角度变小的传统体育疗法

有的腰痛是因为腰椎前凸角度变小，这类人群正好与腰椎前凸人群的特点相反，主要原因为髋屈肌无力，大腿后肌过短，多发于司机、文员等久坐人群。这种不良姿势会导致腰椎间盘突出。在这种损伤中，椎间盘突出到椎管里，压迫脊髓神经，造成一系列症状。这个病有明显的年轻化趋势，尤其是每天久坐的人，要多加注意。下面介绍一下腰椎前凸角度变小的传统运动疗法。

（1）扣翘尾间：两膝微屈；两手掐腰，以髋关节为轴，做前后扣翘尾间运动。（图 6-3-11、图 6-3-12）

（2）鸟伸：两腿微屈下蹲；两掌在腹前相叠，然后两掌向上举至头

图 6-3-11

图 6-3-12

前上方，掌心向下，指尖向前；身体微前倾，提肩，缩颈，挺胸，塌腰；目视前下方。两腿微屈下蹲，身体重心右移，右腿蹬直，左腿伸直向后抬起；同时，两掌左右分开，掌成“鸟翅”，向体侧后方摆起，掌心向上；抬头，伸颈，挺胸，塌腰；目视前方。左右动作相同，方向相反。（图 6–3–13、图 6–3–14）

图 6–3–13

图 6–3–14

（3）倒卷肱：右手向前推出，掌心向前，左手向下撤至左胯前；成右弓步，上体左转；左掌向下、向左后方划弧平举，掌心向上，同时右臂外旋，掌心转向上；眼随转体先向左看，再转看右手；右脚提起后退一步。左右动作相同，方向相反。动作关键在于两手臂交替内合，两腿配合手臂后撤，收、合、退都属阴，向后退时配合呼气，可口呼气，也可发“呵”音，意念观照动作，恐而不惊、不惧。（图 6–3–15~ 图 6–3–17）

图 6–3–15

图 6–3–16

图 6–3–17

（4）引腰、抵腰前推：双掌提至腹前，沿带脉摩运至身后，随后双掌抵住腰，四指用力前推，身体后仰；目视前方。（图 6–3–18、图 6–3–19）

图 6–3–18

图 6–3–19

第四节　传统体育养生对腿部的调理

下肢是人体的“第二心脏”，大约 50% 的血管、神经、血液都在双腿。从中医上来讲，足三阳经和足三阴经都经过双腿，通过传统体育养生，可起到防病祛病、强身健体之功效，促进人体气血上下运行，维持身体健康。膝关节是人体最大的关节，膝腿常见的不良体态有 O 型腿、X 型腿、扁平足、八字脚等，常见的小腿运动损伤有胫前挫伤和血肿、网球腿、小腿三头肌损伤、创伤性跟腱周围炎及跟腱断裂等，影响着我们的日常生活活动。同时，随着年龄的增长，膝关节的老化是不可避免的，所以平时要注意保养。膝关节常见的疾病有膝内翻、膝外翻、髌骨半脱位等。膝关节疼痛、僵硬有以下临床表现：①疼痛。疼痛是损伤肌腱周围的神经受到损伤导致的。②肿胀。肿胀大多是由撕裂处的出血及损伤周围软组织导致的。③活动受限。特别是在大腿伸直或者屈曲时活动受限非常明显。大腿肌腱损伤常可以出现腿部肌肉的收缩障碍，这时要进行积极的早期干预和手术来恢复损伤肌腱的完整性，从而恢复大腿肌肉的功能，以避免以后大腿活动受到影响。

膝关节不舒服与很多因素有关，第一个就是年龄因素，随着年龄的增长，关节软骨的功能和形状发生改变，如软骨组织中的胶原和蛋白聚糖的比例减少，含水量减少，会降低关节软骨的弹性，从而使关节软骨变得更加脆弱，更加容易受伤。另外，随着年龄的增长，关节滑液的成分也会发生改变，透明质酸的含量降低，会使关节滑液润滑、缓冲营养软骨的功能减弱，关节面的摩擦系数增大，从而更容易使关节软骨发生损伤。下肢传统体育养生功法对整体下肢生物学力线有较好的调整与缓冲作用，是十分重要的。

（1）伏虎桩：腿成川水桩；两臂向前下 45° 直伸，翘掌掌心下按，指尖向内相对。可意念观照身体，也可意想自己制服了一只猛虎，体内充满了无限的能量。（图 6–4–1）

（2）太极拳单鞭：两腿两肩宽开立，屈曲，大腿（膝盖）外撑，臀部发力，膝盖不超过脚尖；两臂侧开上举，与肩平，一手成勾手，另一手立掌外撑，沉肩坠肘、手臂微弯曲。（图 6–4–2）

图 6–4–1

图 6–4–2

（3）传统体育养生步：两腿微屈，左腿向左前方迈出，重心前移，成左弓步，然后重心后移，右腿屈曲，左脚尖翘起外摆，脚尖和膝关节在一个方向上，随后重心前移，右脚虚点地；两手掐腰。左右动作相同，方向相反。（图 6–4–3~图 6–4–8）

图 6-4-3

图 6-4-4

图 6-4-5

图 6-4-6

图 6-4-7

图 6-4-8

（4）倒卷肱：右手向前推出，掌心向前，左手向下撤至左胯前；成右弓步，上体左转；左掌向下、向左后方划弧平举，掌心向上，同时右臂外旋，掌心转向上；眼随转体先向左看，再转看右手；右脚提起后退一步。左右动作相同，方向相反。动作关键在于两手臂交替内合，两腿配合手臂后撤，收、合、退都属阴，向后退时配合呼气，可口呼气，也可发“呵”音，意念观照动作，恐而不惊、不惧。（图 6-4-9~ 图 6-4-11）

图 6-4-9

图 6-4-10

图 6-4-11

（5）混元归一：两手掌心相对，似抱一球，在体前划圈；两脚自然开立，两腿配合两手的起伏做膝关节屈曲运动；双眼随着双手位移方向转动。左右动作相同，方向相反。（图 6-4-12~ 图 6-4-14）

图 6-4-12

图 6-4-13

图 6-4-14

（6）搂膝拗步：两臂向右、向后划弧，至身体右后方，两手成勾手；目视右手；

左脚虚点地，向左前方迈出，脚跟着地，重心前移，左脚踏实，屈膝下蹲，成左弓步；右手变掌，向前推出，左手变掌由膝前搂过，按于左胯旁；目视前方。左右动作相同，方向相反。（图 6–4–15~ 图 6–4–17）

图 6–4–15

图 6–4–16

图 6–4–17

（7）飞仙式：两腿前后开立成前弓步，身体前倾；两臂在身体两侧，与身体在一平面内，手心向上。有向前上方飞升之感，可左右腿互换练习。（图 6–3–18、图 6–3–19）

图 6–4–18

图 6–4–19

（8）双峰贯耳：两腿前后开立成前弓步，身体前倾；两臂圆撑抬起，与身体在一平面内，两手握拳，拳面相对。（图 6–4–20、图 6–4–21）

（9）下肢的太极圆运动：两手放于腰间，或置于胸前；一腿抬起，脚心向下，脚尖朝前，在三个平面里顺、逆时针做圆运动。根据个人情况，圆的大小可自行调整。（图 6–4–22~ 图 6–4–24）

（正面）

图 6–4–20

（侧面）

图 6–4–21

图 6–4–22

图 6–4–23

图 6–4–24

第五节　传统体育养生对足踝部的调理

人们每天都会花很多时间站立或者走路，却经常忽视足踝关节的健康。足踝可以缓冲脚着地时的冲击，对整体下肢的功能性解剖与生物力学影响都是十分重要的。足踝的重要结构包括骨骼、关节、韧带、肌腱、肌肉、神经和血管。脚的顶部被称为足背面，足底表面被称为足底面，外侧的骨凸起被称为外踝，内侧的骨凸起被称为内踝，踝关节由距骨、胫骨和腓骨三块骨头连接而成。

常见的足踝部病症包括扁平足、高足弓、足内旋、足外旋、足内翻、足外翻和足背屈活动受限等。足踝部病症还会引起身体其他部位疼痛，如过度内旋会造成颈骨与股骨内转，增加髌骨与股骨关节的拉扯，引起膝盖痛；单侧的过度旋前或是两侧旋前的角度不同，可能会造成功能性长短腿，引起腰痛。

（1）描太极：两手掐腰；左腿单腿支撑，右腿抬起，右膝屈曲，右踝关节做 6 次屈伸运动，之后顺时针转 6 圈，逆时针转 6 圈。左右动作相同，方向相反。（图 6-5-1~ 图 6-5-3）

图 6-5-1

图 6-5-2

图 6-5-3

（2）美女梳头：左膝屈曲抬高，绷脚尖；右手干梳头，顺势下按，左手上举，翘掌。左右动作相同，方向相反。（图 6-5-4、图 6-5-5）

图 6–5–4

图 6–5–5

（3）金鸡独立：上身中正，肩松胸舒；提右膝，独立支撑腿微屈；右掌位于右额前，左手下按位于跨前；目光平视。挑掌、按掌与提膝协调一致，身体平稳。意想自己是挺拔威武的雄鸡，屹立不倒。（图 6–5–6）

（4）令字坐：脚趾抓紧地面，脚后跟并在一起，向后发力；下腹向内收紧用力，身体微微向后倒，保持平衡。（图 6–5–7、图 6–5–8）

图 6–5–6

图 6–5–7

图 6–5–8

思考题

1. 试述传统体育养生对身体伤痛的独特作用。
2. 联系传统体育养生实践，试述传统体育养生对身体伤痛的运动疗法。